Croire

Infographie : Luisa da Silva

Catalogage avant publication de Bibliothèque et Archives nationales du Québec et Bibliothèque et Archives Canada

Ping, A. C.
Croire
Traduction de : Faith

1. Actualisation de soi. I. Titre.

BF637.S4P56314 2007 158.1 C2007-941891-0

09-07

L'ouvrage original a été publié
par Marlowe & Company,
succursale de Avalon Publishing
Group Incorporated,
sous le titre *Faith*

Dépôt légal : 2007
Bibliothèque et Archives nationales
du Québec

978-2-89044-754-7

DISTRIBUTEURS EXCLUSIFS :

- Pour le Canada et les États-Unis :
  MESSAGERIES ADP*
  2315, rue de la Province
  Longueuil, Québec J4G 1G4
  Tél. : (450) 640-1237
  Télécopieur : (450) 674-6237
  * une division du Groupe Sogides inc.,
  filiale du Groupe Livre Quebecor Média inc.

- Pour la France et les autres pays :
  INTERFORUM editis
  Immeuble Paryseine, 3, Allée de la Seine
  94854 Ivry CEDEX
  Tél. : 33 (0) 4 49 59 11 56/91
  Télécopieur : 33 (0) 1 49 59 11 33
  Service commandes France Métropolitaine
  Tél. : 33 (0) 2 38 32 71 00
  Télécopieur : 33 (0) 2 38 32 71 28
  Internet : www.interforum.fr
  Service commandes Export – DOM-TOM
  Télécopieur : 33 (0) 2 38 32 78 86
  Internet : www.interforum.fr
  Courriel : cdes-export@interforum.fr

- Pour la Suisse :
  INTERFORUM editis SUISSE
  Case postale 69 – CH 1701 Fribourg – Suisse
  Tél. : 41 (0) 26 460 80 60
  Télécopieur : 41 (0) 26 460 80 68
  Internet : www.interforumsuisse.ch
  Courriel : office@interforumsuisse.ch
  Distributeur : OLF S.A.
  ZI. 3, Corminboeuf
  Case postale 1061 – CH 1701 Fribourg – Suisse
  Commandes : Tél. : 41 (0) 26 467 53 33
  Télécopieur : 41 (0) 26 467 54 66
  Internet : www.olf.ch
  Courriel : information@olf.ch

- Pour la Belgique et le Luxembourg :
  INTERFORUM editis BENELUX S.A.
  Boulevard de l'Europe 117,
  B-1301 Wavre – Belgique
  Tél. : 32 (0) 10 42 03 20
  Télécopieur : 32 (0) 10 41 20 24
  Internet : www.interforum.be
  Courriel : info@interforum.be

Gouvernement du Québec – Programme de crédit d'impôt pour l'édition de livres – Gestion SODEC – www.sodec.gouv.qc.ca

L'Éditeur bénéficie du soutien de la Société de développement des entreprises culturelles du Québec pour son programme d'édition.

Nous reconnaissons l'aide financière du gouvernement du Canada par l'entremise du Programme d'aide au développement de l'industrie de l'édition (PADIÉ) pour nos activités d'édition.

A. C. Ping

Croire

Traduit de l'anglais par Jacques-Gilles Laberge

Le jour

Introduction

Sois ce que tu veux être,
fais ce que tu veux faire.

Si vous avez lu *Agir* et *Être*, mes deux autres livres, vous avez sans doute déjà trouvé – ou du moins avez-vous essayé de trouver – le courage de sortir des rangs pour suivre votre propre voie, une voie sur laquelle vous ferez ce que vous voulez vraiment faire et serez celui que vous désirez être. À vos yeux, rien d'autre n'importe.

Cela semble si simple, n'est-ce pas ? Mais qu'arrivera-t-il si vous décidez de faire quelque chose de TRÈS GROS ? Que ferez-vous si toutes les personnes à qui vous racontez vos projets vous regardent comme si vous étiez devenu fou ? Ou imaginez que vous avez décidé de faire quelque chose de marginal, quelque chose qui ne s'inscrit pas dans les courants actuels. Voilà une décision qui vous forcera à vous remettre en question et qui vous plongera dans la peur et le doute. Que ferez-vous alors ? Vous vous demanderez sans doute pourquoi vous ressentez cette peur et ces doutes, et vous essaierez de trouver en vous-même le réconfort qui fera taire cette petite voix qui vous demande sans cesse: «Et ensuite?»

Que devons-nous faire pour enrayer ce paralysant esprit d'analyse qui nous empêche de passer à l'action?

Si vous vous trouvez en pareille situation, alors ce livre est pour vous! *Croire* est le troisième livre de la série comprenant *Être* et *Agir*. *Croire* est un livre complet en soi; cela dit, vous saisirez mieux son contenu si vous lisez d'abord mes deux ouvrages précédents. Certains des thèmes abordés dans *Être* et *Agir* seront repris ici, mais sous un angle différent, celui de la croyance ou de la foi.

Croire est le fruit des expériences que j'ai vécues dans les années qui ont suivi la publication d'*Agir*. Tout comme *Être* et *Agir*, *Croire* ne doit pas être abordé comme une méthode exhaustive et précise. Mon seul but est de partager avec vous les choses qui m'ont aidé dans l'espoir qu'elles vous aideront, vous aussi.

Quand j'ai eu fini d'écrire *Agir*, mon éditeur m'a demandé de créer un troisième livre pour compléter la série. J'aurais bien voulu accéder à sa requête, mais j'avais l'impression d'avoir fait le tour de la question: dans *Être*, j'avais aidé mes lecteurs à être ce qu'ils voulaient être; dans *Agir*, je leur ai appris à faire ce qu'ils voulaient faire. Que reste-t-il après ça?

Je croyais avoir bouclé le sujet, mais je me trompais. Dans les années qui ont suivi la publication de ces deux livres, j'ai visité des endroits où je n'aurais jamais pu imaginer aller; ce faisant, j'ai souvent dû faire face à des peurs profondément enracinées en moi et j'ai maintes fois douté du bien-fondé de la voie que je m'étais tracée. Tout au long de mon chemin, j'ai rencontré des gens qui étaient aux prises avec des dilemmes semblables, des gens talentueux et déterminés qui suivaient désespérément la voie qu'ils avaient choisie, mais qui étaient parfois rongés par la peur et le doute.

C'est alors que j'ai découvert l'antidote au doute et à la peur. L'antidote, c'est la foi. Pour persévérer sans jamais faillir, il faut CROIRE.

N'ayez crainte, ceci n'est pas un livre religieux - même si je suis sûr qu'il n'est pas en contradiction avec quelque enseignement religieux que ce soit. Je n'essaierai pas non plus de vous convertir à une quelconque philosophie nouvel âge. Mon but est ici de partager avec vous des pensées et des concepts qui vous aideront à vous délester de ces peurs qui vous font douter de vous-même et de vos croyances intimes. Par-delà la peur, vous trouverez un univers où le doute et l'anxiété n'existent pas, un univers où votre esprit volera tel un oiseau qui vient de découvrir ses ailes! Je crois que si nous avions tous cette vision du monde, la race humaine pourrait enfin atteindre un niveau de conscience supérieur et façonner un avenir meilleur.

J'espère que ce livre vous incitera à approfondir votre pensée et qu'il vous aidera à vous libérer.

POURQUOI CROIRE?

Voir par-delà l'horizon

La foi défie l'âme d'aller au-delà
de ce que les yeux peuvent voir.
— William Newton Clark

Qu'est-ce que la foi? Les gens disent souvent «Tu dois avoir la foi», mais qu'est-ce que ça veut dire, au juste? Il serait bon de commencer par définir exactement le sujet de ce livre, ne trouvez-vous pas?

Le Petit Robert définit la foi comme étant «le fait de croire à un principe par une adhésion profonde de l'esprit et du cœur qui emporte la certitude». L'envers de la foi, la raison, renvoie à cette faculté qu'a l'homme de penser et de réfléchir. Dans un contexte rationnel, la raison l'emportera toujours sur la foi puisque ses arguments sont basés sur des faits et non sur des croyances. Mais la raison comporte une lacune majeure: elle nous confine aux limites du possible. La foi, par contre, nous permet d'aller au-delà des limites que nous dicte le passé. C'est la foi qui a permis à l'humanité d'oser, de créer de grandes choses, de dépasser les limites du possible pour réaliser l'impossible. Si ce n'était de la foi, nous ne serions rien de plus que de vulgaires rouages dans la grande machine du système économique.

« On ne peut pas croire des choses impossibles. »
« Je suppose que tu manques d'entraînement, dit la Reine. Quand j'avais ton âge, je m'exerçais à cela une demi-heure par jour. Il m'est arrivé quelquefois de croire jusqu'à six choses impossibles avant le petit-déjeuner. »
— Lewis Carroll, *Alice au pays des merveilles*

La foi est simplement la capacité de croire en une chose qu'on ne peut pas prouver. C'est un concept plutôt ésotérique, n'est-ce pas ? On pourrait même dire que c'est le genre de choses auxquelles les gens s'accrochent quand ils ne veulent pas voir la réalité en face.

Et pourquoi diable devrait-on croire en quoi que ce soit ? Ne serait-il pas plus simple de se concentrer uniquement sur ce qui est en face de nous, sur les choses qu'on peut toucher, voir, sentir et entendre ? L'argent, le travail, les biens matériels sont des choses bien réelles qui incitent l'homme à vivre dans une confortable conformité. Il est beaucoup plus raisonnable d'avoir un vrai boulot, de gagner de l'argent et de s'acheter une maison que de décider de devenir poète, peintre, cinéaste ou guérisseur. « Mais pourquoi as-tu choisi cette voie ? vous demanderont les gens. Qu'est-ce qui te fait croire que tu vas réussir ? »

Vous pourriez répondre que vous avez foi en vos capacités, que vous croyez en la voie que vous vous êtes tracée. Pareille déclaration est généralement suivie d'un silence gêné ou de hochements de tête dubitatifs. Vous vous dites qu'à l'avenir, vous éviterez de parler de vos aspirations. En votre for intérieur, vous voulez croire en vous-même, mais le scepticisme d'autrui sème le doute dans votre cœur.

Et au fond, pourquoi vous donneriez-vous toute cette peine? Abandonnez donc ces idées folles, rentrez dans le rang et mettez-vous au pas! Faites comme tout le monde, bon sang!

Rien de ce qui vaut la peine d'être accompli ne sera complété durant notre existence; nous devons donc chercher le salut dans l'espoir. Rien de vrai, de beau ou de bon n'a vraiment de sens dans le contexte immédiat de l'histoire; nous devons donc chercher le salut dans la foi. Rien de ce que nous faisons, même nos actions vertueuses, ne peut être accompli dans la solitude; nous devons donc chercher le salut dans l'amour.

— Reinhold Niebuhr, philosophe et théologien

Le monde serait un endroit bien triste si nous ne pouvions pas rêver. Dans la citation ci-dessus, Reinhold Niebuhr dit que la foi nous élève au-dessus du contexte historique, ce qui nous permet de dépasser les frontières du possible et de voir par-delà l'horizon. La foi nous donne des ailes et nous aide à réaliser notre plein potentiel. Ce sont là de belles paroles; malheureusement, nous vivons dans un monde dominé par la pensée rationnelle, un monde où toute croyance doit être validée par des preuves tangibles. Qu'à cela ne tienne: nous verrons dans les pages qui suivent que certaines découvertes scientifiques témoignent de l'importance de la foi et de son impact sur le monde matériel.

L'essentiel est invisible pour les yeux

Sans la foi, nos vies ne seraient qu'une banale succession d'événements fortuits sans signification aucune.
— ANONYME

La raison domine notre monde parce que la science est devenue omnipotente. Nous aimerions tous croire qu'il y a des forces invisibles dans l'univers, mais ce désir de croyance est souvent miné par des sceptiques qui s'opposent à cette notion. « Si ces choses existent, s'exclament-ils, alors prouvez-le ! »

Malheureusement, peu de gens ont réponse à cette revendication. Vous pourriez rétorquer que les voyants et les médiums sont des preuves vivantes de l'univers invisible, mais on vous répondra avec raison que leurs prétendues visions ne sont pas toujours exactes – même les voyants et voyantes qu'on voit à la télé se trompent plus souvent qu'à leur tour. Les sceptiques invoqueront souvent l'argument suivant : « Si ce médium peut vraiment prédire l'avenir, alors pourquoi ne peut-il pas me dire les numéros gagnants de la loterie ? » Le médium répond généralement que l'éthique du métier lui interdit de faire cela, ce qui fait rigoler les incrédules.

De même, les gens qui croient en Dieu ou qui ont été témoins d'un miracle n'ont pas de preuves matérielles pour donner crédit à leur croyance ou à leur expérience. Des événements peuvent vous amener à déduire l'existence d'anges ou d'êtres spirituels, et peut-être avez-vous déjà senti que la main de Dieu était intervenue en certaines circonstances, mais encore ici, vous ne disposez d'aucune preuve substantielle pour étayer ce que vous avancez. On croit en Dieu parce qu'on a en notre for intérieur l'intime certitude de son existence. Ceux qui ne croient pas en Dieu n'ont pas ce sentiment.

Bon nombre d'entre nous ont vécu des expériences impossibles à prouver ou que la raison ne peut expliquer. Il vous est sans doute déjà arrivé d'entendre le téléphone sonner et de savoir d'avance qui serait à l'autre bout du fil ; peut-être avez-vous déjà eu un pressentiment qui vous a permis d'éviter une calamité. Chacun de nous a vécu des événements qu'on peut classer dans la catégorie « mystères de l'univers ».

La plupart des gens prennent position dans un camp ou dans l'autre : les uns croient uniquement aux expériences qui passent par leurs cinq sens ; les autres croient qu'il y a dans l'univers beaucoup plus que ce que nos cinq sens peuvent nous révéler. Si vous croyez à l'univers invisible, il est probable que vous vous êtes déjà retrouvé dans des situations où vous avez dû cacher cette croyance. Peut-être vous confinez-vous à un groupe d'amis qui partagent vos croyances, ce qui vous permet de discuter de « choses spirituelles » sans être interrompu par un quelconque imbécile qui vous dit que tout ça, c'est de la foutaise.

Par contre, si vous n'êtes pas croyant, votre quête est sans doute plutôt axée vers les biens matériels et vous recherchez la compagnie de gens qui ont les mêmes intérêts que vous. Il arrive qu'un incroyant, tout comme saint Paul sur la route de Damas, ait une expérience mystique qui l'amène à changer de camp. Choqués de ce soudain revirement, ses amis matérialistes ne tardent pas à l'abandonner – non sans l'avoir d'abord prié de leur céder tous ces biens matériels dont il n'aura plus besoin dans sa nouvelle vie.

Bref, dans la pratique, l'univers spirituel et l'univers matériel sont séparés. C'est du moins ce que nous pensons. Mais serait-il possible que ces deux univers soient liés ? Si un tel lien était prouvé, imaginez comment cela pourrait changer le monde !

De récentes recherches scientifiques laissent supposer qu'un tel lien existe. Ces découvertes risquent de changer du tout au tout la perception que nous avons de nous-mêmes et du monde dans lequel nous vivons.

De plus en plus de recherches scientifiques s'intéressent à la notion d'un univers fait de forces invisibles. La plupart de ces recherches sont entreprises dans le domaine de la physique. À ce jour, les physiciens demeurent incapables de réconcilier l'infiniment petit et l'infiniment grand, ce qui leur permettrait d'élaborer une théorie unificatrice de l'univers. Le problème, c'est que les théories qui expliquent la formation de l'univers et l'interaction de vastes corps célestes telles les galaxies ne fonctionnent plus lorsqu'elles sont appliquées à des objets de la taille d'une particule subatomique. La théorie unificatrice la plus plausible est la « théorie des cordes », laquelle prône l'existence d'univers multiples. Bon nombre de théories scientifiques moins ambitieuses réfutent cependant l'idée que notre univers se résume à ce qu'appréhendent nos cinq sens.

N'est-il pas incroyable de penser que même la plus rationnelle de nos créations, la science, n'est pas encore parvenue à expliquer notre monde ! Nous commençons à peine à comprendre que, d'un point de vue purement scientifique et rationnel, nous ignorons presque tout du fonctionnement de l'univers. Devant l'impasse de la pensée rationnelle, nous avons constamment recours à la foi pour faire avancer notre compréhension du monde.

J'ai pris connaissance il y a quelque temps d'un ouvrage fascinant. Il s'agit du livre *Le septième sens* (Éditions du Rocher, 2004) de Rupert Sheldrake. En voyant ce livre, je me suis tout de suite demandé si l'auteur détenait vraiment un doctorat et s'il avait quelque crédibilité que ce soit au sein de la communauté scientifique. À ma grande surprise, j'ai découvert que ce biologiste anglais était très respecté et qu'un de ses livres, *Ces chiens qui retrouvent leur maître et autres pouvoirs inexpliqués des animaux* (Éditions du Rocher, 2001), avait remporté le prix du meilleur ouvrage scientifique du Royaume-Uni. Eu égard à la nature de ses recherches, Rupert Sheldrake est également un personnage qui suscite la controverse.

Dans *Le septième sens,* l'auteur suggère que notre esprit se prolonge par-delà notre corps physique et que ces prolongements donnent lieu à des phénomènes tels que la prescience et la télépathie. Par exemple, comment se fait-il que l'on puisse «sentir» quand quelqu'un nous observe? La plupart d'entre nous ont déjà ressenti pareille sensation: marchant dans la rue ou assis dans un bar, nous nous retournons sans réfléchir et captons instinctivement le regard d'une personne qui nous observait à notre insu. Nous nous disons la plupart du temps qu'il s'agit là d'une coïncidence.

Mais Rupert Sheldrake, lui, a pressenti que cette sensation était le prolongement de nos capacités de perception et il s'est donc employé à déterminer si l'être humain pouvait effectivement «sentir» sur lui le regard d'une autre personne. Sans décrire en détail les procédés utilisés par son équipe et lui, je dirai qu'ils ont appliqué une méthodologie scientifique rigoureuse en partant de différents groupes témoins.

Ces recherches ont produit des résultats époustouflants. Sheldrake a découvert que l'être humain peut effectivement sentir quand il est observé – certains de ses sujets affichaient même un taux de réussite de l'ordre de 90 pour cent! Il a aussi constaté qu'un individu peut avoir un effet sur ses semblables sans interagir physiquement avec eux.

À la fin du livre, Sheldrake en arrive à une conclusion stupéfiante : selon lui, nous serions tous reliés par un champ énergétique qu'il appelle « champ morphique ». Chacun de nous affiche un degré de connexion différent par rapport à ce champ.

Les implications de cette conclusion sont considérables du fait qu'elles viennent chambouler notre perception du monde. Si nous sommes reliés par une énergie invisible, cela signifie que la distance physique qui sépare chacun de nous est beaucoup moins importante que les émotions et les intentions que nous projetons autour de nous.

Au sein de la théorie de Rupert Sheldrake, la foi prend tout son sens. Pourquoi ? Parce que si nous sommes tous liés les uns aux autres par un champ morphique, l'énergie que nous dégageons influence les autres ; donc, nos croyances et nos intentions sont beaucoup plus puissantes que nous le croyons.

J'ai écrit dans *Être* que Descartes s'était fourvoyé en disant « *cogito ergo sum* » – je pense, donc je suis. J'estime qu'il aurait plutôt dû dire : « *Je crois, donc je suis.* » Il est capital de croire en quelque chose, surtout si ce quelque chose ne peut pas être entériné par des preuves matérielles. C'est ce que l'on appelle « avoir la foi ».

Mais tout cela n'explique pas pourquoi les médiums se trompent parfois...

Le germe d'un potentiel énorme

Si vous le voulez, ce n'est pas un rêve.
— Théodore Herzl

Si vous croyez au destin et à la fatalité, alors vous croyez que votre avenir est joué d'avance et que vous ne pouvez rien faire pour le changer. Si c'était le cas, cela voudrait dire qu'un bon médium pourrait se brancher sur le champ morphique et nous dire exactement ce qui nous arrivera dans le futur. Or, j'ai souligné dans *Être* que s'il en était ainsi, il deviendrait inutile d'essayer de changer le monde ou le cours de notre existence. Tout étant prédestiné, tous nos efforts seraient vains.

Je rejette ce concept parce qu'il nous réduit à rien de plus que des rats en cage. La puissance qui nous a créés, que ce soit Dieu ou autre chose, aurait été bien cruelle de nous priver ainsi de notre droit le plus élémentaire: celui d'appliquer notre libre arbitre afin d'orienter à notre guise notre existence. Je préfère croire que l'univers contient le germe d'un potentiel énorme où tous les futurs possibles coexistent simultanément – un peu comme dans la théorie des cordes. Cette vision du monde nous donne l'occasion de façonner notre avenir individuel et collectif en agissant dans le présent.

Comment cela fonctionne-t-il? Considérez la chose selon l'optique du champ morphique. S'il y a un champ énergétique qui nous relie tous, sur lequel nous pouvons nous brancher et que nous pouvons influencer par l'énergie que nous dégageons, cela fait de nous les cocréateurs de l'univers. Et je dis bien «cocréateurs», car même s'il est flatteur de se considérer comme une sorte de dieu, il faut tenir compte dans cet effort créateur des intentions collectives du reste de l'humanité et de l'influence de Dieu ou de toute autre puissance divine.

En tant que cocréateurs de l'univers, nous avons le pouvoir de façonner notre avenir. Ce sont nos intentions qui, conjuguées à nos croyances, créent le monde dans lequel nous vivons. Or, nous avons davantage de chances de créer exactement ce que nous voulons si nos croyances et nos intentions sont claires.

Mais, au fait, qu'est-ce que la foi vient faire là-dedans? Quand on croit uniquement en les potentialités que nous dictent les faits et la raison, on est lié au passé, à l'histoire. Dans un pareil état d'esprit, on ne peut pas voir par-delà l'horizon pour réaliser toutes ces grandes choses qui semblaient impossibles auparavant.

La foi nous permet de changer le monde par le moyen d'une intention proactive. Sans la foi, nous ne pouvons espérer un avenir autre que celui que nous croyons possible en nous basant sur le passé.

L'humain est un être plus émotif que rationnel

Ce que nous faisons pour nous-même meurt avec nous.
Ce que nous faisons pour les autres et
le monde demeure et est immortel.
— Albert Pine

Me suivez-vous jusqu'ici ? Je sais que tout ça peut paraître technique et cérébral, mais c'est un peu normal considérant que j'essaie d'apporter un argument rationnel à un concept ésotérique. Il est important que je vous propose un argument logique pour que votre esprit rationnel saisisse bien l'importance de la foi, autrement vous n'aurez que des concepts éthérés sur lesquels vous appuyer lorsque vous serez aux prises avec des doutes et des peurs rationnels.

Mais voyons un peu ce qui cloche dans le système qui domine le monde aujourd'hui : celui de l'économie de marché. Je sais que ça peut paraître ennuyeux de prime abord, mais vous verrez bientôt où je veux en venir.

L'économie de marché part du principe que nous sommes tous des êtres rationnels. Ce système présume que si l'on doit choisir entre un bidule de marque X qui coûte un dollar et le même bidule de marque Y qui coûte deux dollars, on choisira nécessairement le moins cher.

Ce comportement semble tout à fait rationnel. Pourtant, plusieurs philosophes et économistes ont mis de l'avant la notion d'« idiot rationnel » pour décrire une personne qui prend des décisions à court terme pour son propre bénéfice sans tenir compte des implications à long terme. Je crois que l'Occident est en train d'engendrer des générations entières d'idiots rationnels.

L'économie de marché est une théorie séduisante qui semble tout à fait sensée lorsque vue selon une perspective idéaliste. Qui ne voudrait pas adhérer à un système qui nous donne la possibilité de choisir parmi toute une variété de produits différents offerts au meilleur prix possible? Qui ne voudrait pas être libre de travailler pour qui il veut, de pouvoir négocier le meilleur salaire possible et d'investir son argent à sa guise? Personne n'oserait remettre en cause ces principes qui sont les fondements mêmes de la liberté et de l'égalité.

Ce système semble juste en théorie, toutefois les faits font état d'une tout autre réalité. Serait-il cynique pour moi de suggérer que les vraies valeurs de notre société dominée par l'économie de marché sont la peur et la cupidité?

Je sais, je sais... vous allez me dire que j'exagère. Pourtant les faits ne mentent pas! Dans l'économie de marché, nous ne sommes que des pions qui tentent désespérément de faire valoir leurs intérêts au détriment de ceux des autres. Notre prochain n'est rien de plus qu'un ennemi, un compétiteur. En tant que travailleurs, nous passons notre temps à essayer de supplanter nos collègues soit pour éviter de perdre notre emploi, soit pour décrocher une promotion, ce qui signifie plus d'argent, plus de pouvoirs.

Tout ça parce que l'argent mène le monde! Plus on a d'argent et plus on peut se protéger du danger et des désagréments de la vie: on peut se rendre au boulot en voiture au lieu de subir l'inconfort du transport en commun; on peut se payer des soins en clinique privée plutôt que de croupir dans les hôpitaux publics; on peut vivre dans une maison et un quartier sécuritaires; et ainsi de suite. Plus on a d'argent et plus nombreuses sont les possibilités qui s'offrent à nous et à nos enfants. On peut devenir membre de clubs privés où l'on nouera d'importantes relations d'affaires et où l'on fréquentera des gens qui nous donneront de bons tuyaux d'investissement. On peut envoyer ses enfants dans les meilleures écoles, leur payer des voyages à l'étranger pour les exposer à différentes cultures, et éventuellement leur trouver un poste dans une entreprise gérée par des gens qu'on a rencontrés au club privé.

Cet état de choses est-il équitable? Je n'en suis pas sûr. Ça me fait penser à une phrase du film *Wall Street* où le personnage incarné par Michael Douglas dit: «Ou bien t'es à l'intérieur, ou alors tu n'es rien du tout.»

En ce monde impitoyable où l'argent est roi, nous avons tous peur d'être laissés pour compte. Nous aimerions bien aider les «riens du tout» qui sont pris à l'extérieur, mais nous sommes trop anxieux d'assurer notre place à l'intérieur. Ah! si seulement nous pouvions vivre dans le futur, à l'époque de *Patrouille du cosmos,* dans un monde où les ressources sont illimitées et les richesses, distribuées de façon équitable!

Notre peur nous pousse parfois à faire des choses que nous ne voudrions pas que les autres nous fassent. Nous congédions sans remords des employés et poussons ceux qui restent à travailler toujours plus fort. Nous rognons sur les coûts pour que notre employeur maximise ses revenus, ce qui nous vaudra de conserver notre emploi ou d'obtenir une augmentation. Nous sommes toujours en train de courir après cette carotte qu'on nous balance sous le nez.

Et pendant tout ce temps, on nous bombarde de messages pour nous convaincre de consommer toujours plus. Après tout, quel serait l'intérêt de travailler comme un forcené pour une grosse entreprise si on ne pouvait pas étaler son succès aux yeux de tous en s'achetant de grosses maisons, de luxueuses voitures et plein d'autres babioles branchées qui témoigneront du statut enviable dont on jouit! Nous voyons chaque jour des centaines de publicités qui nous montrent combien nous serions heureux si nous pouvions avoir une télé à écran géant, une BMW de l'année, des vêtements à la mode et un téléphone cellulaire qui permet d'écouter de la musique et de prendre des photos.

Quel est l'effet de cette attitude basée sur la consommation et qu'est-ce que cela a à voir avec la foi ?

Lorsque nous adoptons cette attitude, nous cessons d'être rationnels et devenons prisonniers de nos émotions. Nous laissons la peur et la cupidité, émotions dominantes de notre époque, nous contrôler. Nous avons peur que si quelqu'un d'autre a plus, alors nous aurons moins. Nous craignons que si nous ne veillons pas à nos propres intérêts, alors personne d'autre ne le fera. La cupidité nous pousse à vouloir toujours plus.

Cette attitude a fait naître en nous la peur de notre prochain. Si quelqu'un vous adresse la parole dans un train, vous mettez-vous aussitôt sur vos gardes ? Si quelqu'un vous regarde dans les yeux en vous croisant dans la rue, le saluez-vous ou détournez-vous votre regard ?

Quel monde sommes-nous en train de créer, par nos croyances collectives, si nous avons si peur les uns des autres ?

Les mécanismes de défense

Puisque nous vivons dans une société rationnelle dominée par la peur, la cupidité et la méfiance, il est normal que nous ayons peur d'être blessés. Étant des êtres d'émotions, nous vivons tous des expériences douloureuses. Or, nous voulons nous protéger contre cette douleur, ce qui nous amène à développer divers mécanismes de défense. Nous finissons par nous demander si nous pouvons faire confiance à nos semblables.

En vérité, il en revient à chacun de nous de décider si l'être humain est essentiellement bon ou mauvais. Malheureusement, la vision négative du monde que nous présentent chaque jour les médias nous amène à penser que les hommes sont mauvais. Les bulletins de nouvelles sont autant de preuves qui nous incitent à déduire cela.

Le cynisme est le mécanisme de défense le plus courant. Nous commençons à douter des motifs de ceux qui nous entourent, par conséquent nous nous mettons à fabuler au lieu de voir les choses telles qu'elles sont. Par exemple, si nous voyons aux nouvelles un homme d'affaires qui fait don de plusieurs millions de dollars à un pays du tiers-monde, nous songeons immédiatement aux avantages, fiscaux et autres, découlant de son geste au lieu d'applaudir sa philanthropie.

Quelle conséquence cette attitude a-t-elle sur nous? Eh bien, si nous doutons constamment des motifs des autres, c'est ce sentiment de méfiance ou de jugement que nous propagerons autour de nous. Nous contribuerons de ce fait à semer dans l'esprit de la collectivité une perception négative de la nature humaine, ce qui viendra confirmer notre impression première, qui est que l'homme est essentiellement mauvais. Ce cercle vicieux de négativisme nous amènera à avoir peur de ce que les autres penseront de nous si nous décidons de nous consacrer à nos rêves.

Y a-t-il une solution de remplacement à ce sombre scénario? Bien sûr. Il suffit d'avoir foi en la nature humaine et de croire que nous pouvons créer un monde meilleur. Ça peut sembler simple dit comme ça, mais le fait est qu'il est beaucoup plus facile de vivre dans la peur que de croire en quelque chose qui est pratiquement impossible à prouver.

Notre peur porte entrave à notre foi, ce qui nous empêche de sortir du cercle vicieux de la crainte et de la méfiance.

Notre scénario intérieur

Si nous continuons sur la voie que nous avons choisie, nous risquons d'aboutir là où elle nous mène.
— PROVERBE CHINOIS

En tant qu'êtres humains, nous avons besoin de sentir que le monde a un sens. Pour ce faire, nous construisons dans notre esprit un scénario qui vient expliquer ou justifier les événements que nous vivons.

Nous n'y pouvons rien, nous sommes faits ainsi. Sans ce scénario qui est notre référence, nous passerions nos vies à jauger chaque situation, à soupeser le pour et le contre avant de faire le moindre geste. Notre scénario nous permet d'évaluer rapidement chaque situation sans avoir à l'étudier en long et en large.

Le problème, c'est que ce scénario que nous avons créé est tout-puissant. Il façonne notre univers par nos croyances et nos intentions. Si, dans notre scénario intérieur, nous nous racontons que les humains sont essentiellement mauvais et que nous devons adopter une attitude cynique pour nous protéger, alors devinez quoi? C'est exactement ce que nous ferons!

Que devons-nous faire, alors? Nous devons changer notre scénario intérieur, tout simplement.

Mais comment changer ce scénario quand on nous bombarde quotidiennement de faits et d'images négatives qui prouvent que l'humanité fait des choses horribles et que le monde est rempli de gens méchants?

La plupart d'entre nous attendons que les autres nous prouvent qu'ils sont bons avant d'abandonner notre vision cynique du monde et de contribuer à son amélioration. Ici encore, cette attitude néfaste nous plonge dans un cycle réactif qui nous déresponsabilise et nous empêche d'agir proactivement pour apporter une contribution positive au monde. Selon la perspective des champs morphiques, notre attitude négative se propage et fait de nous une partie du problème, et non de la solution.

J'ai peur que les autres me fassent du mal si je m'implique, direz-vous. C'est possible. Mais qu'est-ce que vous attendez au juste? La preuve du contraire?

Vous devez changer votre scénario intérieur sans attendre quelque preuve que ce soit. C'est ici que la foi entre en jeu.

Une évolution consciente

Les grandes révolutions de l'histoire n'ont pas changé le monde, elles ont changé l'homme.
— Eric Hiller

Nous autres êtres humains sommes dans une situation privilégiée : nous sommes les seules créatures de la planète qui peuvent consciemment choisir d'évoluer. Ainsi, nous pouvons choisir de nous dire que la nature humaine est foncièrement mauvaise, que le monde est dominé par la peur et la cupidité et que nous devons nous protéger de nos semblables... OU nous pouvons créer proactivement un monde meilleur en cessant de réagir instinctivement aux événements et en faisant le choix conscient de recouvrer notre pouvoir personnel en tant que cocréateurs de l'univers.

Nous devons croire en quelque chose qui va au-delà des faits qui nous sont présentés. Nous devons découvrir à nouveau que nous sommes des êtres dotés de puissance et que nous avons la capacité de changer le monde simplement en changeant consciemment nos croyances.

Sans la foi, nous sommes condamnés à continuer à vivre dans un monde dominé par la peur et la cupidité. Sans la foi, nous restons terrés sous cette chape de cynisme qui nous isole de nos semblables parce que nous avons peur qu'ils nous fassent du mal. Sans la foi, nous perdons la capacité d'orienter notre vie à notre guise et nous ne pouvons donc pas être ce que nous voulons être et faire ce que nous voulons faire. Sans la foi, nos doutes et nos peurs viendront peu à peu éteindre nos rêves et nos passions.

Êtes-vous prêt à faire le grand saut ? Suivez-moi, je vais vous montrer comment faire.

CROIRE EN QUOI ?

Croire que la vie a un sens

Une existence consacrée à rien de plus grand qu'elle-même est vouée à la médiocrité.

— Martin E. P. Seligman

En quoi devrait-on croire, au juste ? Eh bien, la première chose à faire est d'accepter que la vie a un sens. Pourquoi ? Parce que le contraire limiterait sérieusement vos horizons. Supposons que vous décidez de devenir nihiliste et de ne croire en rien. Quand on ne croit en rien, rien ne compte sauf les événements qui surviennent au quotidien. Dans un pareil scénario, vous êtes à la merci des circonstances et de vos émotions. Si quelque chose de mauvais vous arrive, vous ne voyez pas l'aspect constructif de la chose ; ce n'est pour vous rien de plus qu'un événement malheureux. Ne croyant en rien, vous êtes incapable de saisir la raison ou le sens de cet événement pour l'inscrire dans un contexte plus large. Vous vous limitez à l'expérience immédiate de l'événement lui-même, à l'émotion et à la réaction qu'il suscite en vous. En plus de ne tirer aucune leçon de cet événement, vous serez porté à réprimer vos émotions à l'avenir en pareilles circonstances. Vous ne pouvez même pas vous réconforter en disant: *Je ne sais pas pourquoi ça m'arrive à moi, mais je suis sûr qu'il y a une raison.* Tout ce que vous pouvez faire en adoptant une attitude nihiliste, c'est d'accepter l'événement et d'y réagir. De même, s'il vous arrive une bonne chose, vous réagissez à cet événement en vous basant sur les émotions qu'il suscite en vous.

La personne qui ne croit en rien tâtonne pour trouver son chemin et se voit forcée d'accepter les événements de sa vie et les circonstances qui en découlent. Elle ne voit de la vie que ce qui se trouve en surface; elle ne saisit pas le sens profond des choses. Certains diront que ce n'est pas si grave de vivre ainsi, mais le problème, c'est que les personnes qui choisissent cette voie vivront des événements négatifs qui produiront des émotions négatives persistantes. Comme nous tous, ces gens ressentiront le besoin de se protéger, mais comme ils ne croient en rien, ils choisiront probablement de se cacher derrière un écran opaque de cynisme. Ceux qui en arrivent là adoptent une vision sarcastique du monde et sont souvent submergés par des sentiments négatifs telle la jalousie; ils envient les gens qui ont une meilleure vie qu'eux et se déresponsabilisent face à leur propre existence. Ce faisant, ils renoncent à leur capacité de changer les choses. De plus, la personne qui est dans cet état d'esprit ne tient pas compte de l'effet qu'elle produit sur son entourage. Si elle est de mauvaise humeur, elle se dit que les autres doivent la tolérer ainsi et qu'elle n'a aucun effort à faire pour leur être agréable. Normal, puisqu'elle croit que la vie est ce qu'elle est et qu'elle ne peut rien y faire.

Si vous êtes comme ça, alors les événements de votre vie n'ont pas plus de sens que ce que vous pouvez voir en surface – vous n'êtes qu'un simple passager dans votre propre existence. Les événements que vous vivez dictent votre humeur, alors que c'est le contraire qui devrait se passer. Vous vous tournez vers les plaisirs hédonistes pour remplir le vide de votre vie, mais votre satisfaction ne dure pas plus longtemps que l'événement hédonistique lui-même. Par conséquent, vous en voulez toujours plus.

Êtes-vous comme ça? Si oui, vous devriez songer à tout le potentiel, à toutes les capacités que vous reniez en adoptant cette position.

Il se peut que vous ne croyiez pas en l'existence d'un être suprême ou d'une force créatrice dans l'univers, mais que vous croyiez tout de même qu'il est important de faire de bonnes actions et de traiter les autres comme vous voudriez vous-même être traité. Si c'est le cas, demandez-vous ceci: faites-vous ces bonnes actions parce que vous croyez que vous avez plus de chances d'être bien traité si vous traitez bien vos semblables? Si oui, cela signifie que vous croyez au concept du karma, c'est-à-dire que vous croyez en l'existence d'un être suprême ou d'une force invisible qui tient le compte des bonnes et des mauvaises actions et qui redistribue une certaine énergie aux auteurs de ces actions.

Bref, vous croyez que les événements de votre vie ont un sens.

Mais croire que la vie a un sens signifie-t-il que l'on doit nécessairement croire en Dieu? J'ai remarqué que bien des gens hésitent à explorer la voie de la spiritualité parce qu'ils pensent cela. Or, ce n'est pas le cas. Beaucoup de gens ont vécu des expériences qui les ont amenés à se rebeller contre les institutions religieuses; d'une certaine façon, c'est dommage, parce que la plupart d'entre eux auront bien de la difficulté à trouver un sens à leur vie et à l'univers. Certains adopteront une attitude nihiliste et décideront de ne croire en rien, ce qui les laissera dans la position précaire dont j'ai parlé précédemment, à savoir qu'ils seront à la merci des circonstances de leur vie et de leurs émotions.

Peut-on séparer la foi de la religion? Je pense que oui. Il n'est pas nécessaire de croire en Dieu pour croire que la vie a un sens. Mais attention, je ne dis pas que Dieu n'existe pas! Chacun est libre de croire en Dieu ou non. Ce que je veux dire, c'est que si vous aspirez à être ce que vous voulez être et à faire ce que vous voulez faire, vous devez apprendre à trouver un sens aux événements de votre vie et à puiser en eux un certain réconfort.

Vous avez tout simplement besoin de croire que la vie a un sens. Remarquez que je ne prétends pas savoir quel est ce sens. Or, c'est justement là que la spiritualité et la religion divergent: les religions ont tendance à nous donner des réponses toutes faites, tandis que la voie spirituelle nous propose des questions auxquelles nous devons nous-mêmes trouver les réponses.

Je crois que la vie est un mystère que nous devons continuellement tenter d'élucider, tout en sachant que nous n'y parviendrons jamais entièrement. D'un point de vue religieux, cela signifie que nous ne devons jamais nous attendre à comprendre les voies du Divin, car Dieu est trop vaste et trop puissant pour que nous puissions le cerner complètement.

Résumons donc pour que les choses soient bien claires dans votre esprit. Afin d'avoir le courage et la volonté de sauter dans le vide pour tenter de réaliser nos rêves, nous devons croire que la vie et les événements de notre vie ont un sens. Je peux vous guider dans votre démarche et vous fournir certains indices, mais je ne peux pas vous dire quel est le sens de la vie. J'estime que c'est à chacun de nous de trouver ses propres réponses.

Nous devons avoir foi en notre capacité d'agir sur le monde et non nous résigner à un destin prédéterminé. Nous ne sommes pas des pions, mais nous ne pouvons pas non plus tout contrôler. Nous sommes des cocréateurs et non des créateurs solitaires. Celui qui croit que la vie a un sens est plus apte à accepter les événements défavorables de sa vie pour faire d'eux des outils d'évolution et d'apprentissage. La foi vous permettra d'exploiter votre force intérieure et d'assumer pleinement le fait que vous êtes seul responsable de votre attitude face à la vie et de l'impact que vous avez sur le monde.

Ah oui! une dernière chose: je ne peux pas vous prouver que la vie a un sens; je peux seulement vous demander de croire qu'elle en a un.

Croire en soi-même

Notre peur la plus profonde n'est pas que
nous ne soyons pas à la hauteur.
Notre peur la plus profonde est que
nous sommes puissants au-delà de toute limite.
C'est notre propre lumière et non pas
notre obscurité qui nous effraie le plus.
Nous nous posons la question : « Qui suis-je, moi,
pour être brillant, radieux, talentueux
et merveilleux ? »
En fait, qui êtes-vous pour ne pas l'être ?
Vous êtes un enfant de Dieu !
Vous restreindre, vivre petit ne
rend pas service au monde.
L'illumination n'est pas de vous rétrécir
pour éviter d'insécuriser les autres.
Nous sommes nés pour rendre manifeste
la gloire de Dieu qui est en nous.
Elle ne se trouve pas seulement chez quelques élus ;
elle est en chacun de nous.
Et au fur et à mesure que nous laissons briller
notre propre lumière, nous donnons inconsciemment
aux autres la permission de faire de même.
En nous libérant de notre propre peur,
notre présence libère automatiquement les autres.
— MARIANNE WILLIAMSON, *Un retour à l'amour*

Même si vous croyez fermement que la vie a un sens et que vous savez que vous n'êtes pas qu'un simple pion pris dans les rouages de l'existence, il vous reste une étape à franchir : il vous faut reconnaître que VOUS avez une énorme responsabilité.

Oui, VOUS ! Vous, cher lecteur, vous qui êtes assis en train de lire ce livre, vous jouez un rôle dans la création du monde actuel. Comme chacun de nous, VOUS avez la capacité d'influer sur le monde. Le tout est de reconnaître et d'accepter cette capacité.

Ça fait peur, n'est-ce pas, de songer qu'on a non seulement le pouvoir, mais aussi la responsabilité de transformer le monde ? Mais comme le dit si bien Marianne Williamson dans la citation précédente, vous restreindre, vivre petit ne rend pas service au monde. C'est vrai qu'il est facile de regarder les autres façonner le monde sans lever soi-même le petit doigt – on peut même se plaindre ensuite du fait que les autres ont tout fait de travers. Le problème, c'est que cette attitude passive ne mène nulle part.

Si vous voulez vraiment partir à la conquête de vos rêves, alors vous devez passer à l'action. Vous devez changer votre scénario intérieur, assumer vos responsabilités et embrasser votre nature divine.

Les grandes personnalités du monde du sport nous montrent souvent, par leurs actions, comment mettre ce principe en pratique. Ayrton Senna, l'éblouissant pilote de Formule 1 qui a perdu la vie lors d'un accident tragique en 1994, était l'exemple parfait de l'individu qui est parvenu à repousser les frontières du possible parce qu'il était capable de changer son scénario intérieur, mais sans jamais occulter le côté lumineux de son être. Cet extrait tiré d'une entrevue réalisée en 1989 en dit long sur son processus mental et son attitude intérieure :

❁ ❁ ❁

> J'ignore toujours jusqu'où je peux aller. Tout ça fait partie d'un processus d'apprentissage et je travaille très fort pour que tout reste clair dans mon esprit. Ce que je vise, c'est une compréhension claire et réaliste de ce qui se passe, de ce que je suis en train de faire et de ce que je suis capable de faire. Je n'essaie quelque chose que si je me crois capable de le faire, mais souvent, par le simple fait d'essayer, je me rends compte que je pourrais faire encore plus. Alors je réajuste mon tir.
>
> Quand je crois savoir où sont mes limites, j'analyse tout ça et je me rends compte la plupart du temps que je suis dans l'erreur. Je dois alors ajuster mon attitude mentale pour viser encore plus loin. C'est un processus très excitant sur lequel il faut constamment travailler.

❁ ❁ ❁

Que vous dit votre scénario intérieur au sujet de vos capacités ? Êtes-vous assez brave pour vivre votre propre légende ? Avez-vous le courage de vous engager sur le sentier que votre âme a choisi pour vous durant cette vie ?

Pour faire cela, vous devez croire que vous êtes un être au potentiel infini. Encore une fois, il s'agit ici d'une chose que je ne peux pas prouver.

Croire en son prochain et en l'unité universelle

Je ne pourrai jamais être ce que je devrais être tant que vous ne serez pas ce que vous devriez être, et vous ne pourrez jamais être ce que vous devriez être tant que je ne serai pas ce que je devrais être. Tout est lié.

— Martin Luther King

Il y a une vérité absolue à laquelle tous les enseignements spirituels et religieux font référence. C'est une vérité que la société rationnelle actuelle semble renier, mais que nous, en tant qu'individus, ne pouvons pas rejeter. Cette vérité est la suivante : *nous sommes tous liés. Nous faisons tous partie d'une énergie vitale unique. Nous sommes UN.*

Si les champs morphiques dont j'ai parlé précédemment sont une preuve scientifique de cette vérité spirituelle, il n'en s'agit pas moins d'une vérité difficile à accepter. Si nous sommes UN, cela signifie que nous sommes liés aux individus que nous admirons et qui nous inspirent, mais aussi à des êtres immondes tels Adolf Hitler,

Pol Pot et Idi Amin. Si l'idée que vous êtes un être puissant vous fait peur, il est probable que le fait que nous soyons tous UN vous terrifiera encore davantage. Mais il ne faut pas que vous rejetiez cette vérité pour autant, car cela équivaudrait à vous écarter de la véritable nature de l'existence.

Vous ne pourrez accéder à votre plein potentiel que si vous acceptez le fait que nous sommes tous UN. Mais pour accepter cela, il faudra sans doute que vous changiez radicalement votre scénario intérieur. Vous allez devoir réviser la perception que vous avez du fonctionnement du monde et de votre propre rôle au sein de l'humanité.

Songez aux implications de cette vérité. Si nous sommes tous liés dans une grande unité universelle, cela veut dire que :

- nous nous influençons les uns les autres, indépendamment de la distance qui nous sépare ;
- mon bonheur est votre bonheur ;
- ma douleur est votre douleur ;
- ma peur est votre peur.

Ce que vous donnez au monde, il vous le donne en retour.

En opprimant l'un de vos semblables, c'est une partie de vous-même que vous opprimez. En étant égoïste, cupide ou craintif, vous faites du tort aux autres, mais aussi à vous-même.

Je voudrais avoir confiance en l'humanité, vous direz-vous sans doute, *mais il y a tellement de gens méchants ! Les faits sont là pour le prouver !*

Comment arriver à croire en son prochain dans ce cas-là ? Vous connaissez la réponse : il faut avoir la foi !

Je ne vous ai jamais dit que ça serait facile, n'est-ce pas ?

Pour avoir foi en son prochain et en l'unité universelle, il faut croire au potentiel positif de la nature humaine et à la capacité de transcendance des êtres humains. Je pense que c'est en partie à cela que fait référence la notion de « jugement dernier » présente dans diverses religions. AVEZ-VOUS FOI EN LA NATURE HUMAINE ? Voilà la grande question.

Si vous répondez par la négative, eh bien, devinez quoi : vous allez vivre dans la peur constante des autres et vous aurez tendance à agir de façon cupide et égoïste. Vous contribuerez par conséquent à créer un monde cupide et égoïste.

Je sais qu'il est difficile de se départir de la méfiance que l'on entretient à l'égard des autres, mais, croyez-moi, le chemin de la crainte et de l'égoïsme est encore plus terrifiant que celui de l'acceptation et de l'ouverture.

Ici encore, il faut faire acte de foi, car il s'agit d'une chose quasiment impossible à prouver.

TRAVERSER
LES ÉPREUVES

De toutes les créatures terrestres, seul l'être humain peut changer ses attitudes et ses comportements. Seul l'homme est véritablement l'architecte de sa destinée.
— WILLIAM JAMES

Je parie qu'à ce point-ci, vous saisissez bien l'essence de mon propos, mais que vous vous dites que tout ça est trop difficile à mettre en pratique. Je vous comprends. J'ai ressenti ça, moi aussi. Au début, j'ai essayé, puis j'ai échoué, alors j'ai laissé tomber. J'ai recommencé à vivre comme avant en me disant qu'avoir la foi n'était pas si important que ça. J'étais en déni.

Puis il m'est arrivé quelque chose d'étrange: j'ai soudain réalisé que je ne pourrais pas continuer sur la voie que je m'étais tracée dans *Être* et *Agir* si je n'avais pas la foi. J'ai compris que sans la foi, l'existence était dénuée de sens, que je ne parviendrais jamais à gérer mes peurs et mes doutes si je ne croyais pas en moi-même et en mes semblables. J'avais beau essayer d'accomplir de grandes choses, j'étais déstabilisé à la moindre contrariété. Je ne pouvais pas gérer adéquatement les moments difficiles parce que je ne croyais pas qu'ils avaient leur raison d'être. Je me considérais comme une bonne personne, mais dès que quelqu'un était « méchant » avec moi, j'étais complètement sonné. Je m'écroulais, je baissais les bras. Parce que je n'avais pas la foi, j'avais l'impression d'être un naufragé échoué sur une île déserte.

Quand je me suis finalement retrouvé seul avec mes peurs et mes incertitudes, dans une voie sur laquelle j'avais tout misé, j'ai compris que personne ne pourrait me donner confiance en moi-même. C'était à moi de développer cette foi.

Mais comment faire ? Comment fait-on pour traverser les périodes difficiles qui mettent notre foi à l'épreuve ?

La présente section s'intéresse justement aux épreuves de la vie. Nous discuterons d'abord de ce qu'il faut faire pour trouver la foi, puis nous parlerons des épreuves auxquelles vous devrez sans doute faire face en tentant d'appliquer trois des principes évoqués dans la section précédente – croire que la vie a un sens ; croire en soi-même ; croire en son prochain et en l'unité universelle. J'espère que les notions que j'aborderai ici vous aideront à vous recentrer dans ces moments difficiles où vous douterez de vous-même et de vos croyances.

Trouver la foi

Ce n'est qu'à force de courage ou après avoir vécu une tragédie que l'on devient vraiment libre à l'intérieur. Le courage est de loin préférable à la tragédie.

— Christopher Reeve

Comment trouver la foi quand on ne l'a pas? C'est facile de dire: « Vas-y! Prends une grande respiration et plonge! » Mais comment avoir le courage de faire le grand saut quand les faits nous dictent le contraire, quand la raison nous dit qu'on est fou ou qu'on se fait des idées?

Dans la première partie du livre, j'ai expliqué de façon rationnelle pourquoi il faut avoir la foi. Le problème, c'est que la raison ne peut à elle seule nous convaincre de sauter dans le vide pour changer notre vie du tout au tout.

Je pense qu'il faut d'abord accepter que la foi est ce que nous avons de plus précieux. Nous croyons, donc nous sommes. Ce sont ces croyances qui façonnent notre réalité. Vous ne serez jamais un être fort si vous ne vous voyez pas comme tel. Si vous ne croyez pas que la vie a un sens, alors la vôtre n'en aura probablement pas. Si vous ne croyez pas que l'être humain est essentiellement bon, vous vous concentrerez constamment sur les faits qui viennent renforcer cette croyance.

Bref, nos perceptions déterminent notre réalité. Nous percevons les choses d'une certaine façon et agissons en conséquence. En faisant ces gestes, nous créons une réalité, *notre* réalité.

Pas folichon comme cercle vicieux, vous ne trouvez pas ? Mais, au fait, qui vous garde prisonnier de cet état de choses ?

C'est VOUS, et personne d'autre.

Vous aurez beau analyser la situation sous tous ses angles, à un moment vous allez devoir surmonter vos peurs et faire un choix : allez-vous plonger ou pas ?

Personne ne peut vous pousser dans le vide pour vous amener à changer votre vie. Pas même moi. C'est un geste qui demande du courage et que vous seul pouvez faire. Oui, il faut avoir le courage d'agir, car la raison à elle seule ne suffira pas à vous convaincre de plonger.

Une amie à moi s'est retrouvée dans cette situation. Elle était très malheureuse. Elle se disait que la vie ne l'avait pas choyée et que rien de bon ne pouvait lui arriver. Elle avait perdu son père, puis sa mère peu de temps après. Bien que ses parents l'aient laissée à l'abri des soucis financiers, elle avait l'impression que ceux-ci l'avaient abandonnée. Elle était incapable d'avoir une relation amoureuse soutenue. Sa carrière battait de l'aile. Elle semblait condamnée à rester vieille fille, alors que toutes ses amies étaient mariées et avaient des enfants.

Au fil du temps, elle est devenue cynique et blasée. Elle attendait toujours des jours meilleurs qui ne venaient jamais. Elle croyait que les autres l'appréciaient parce qu'elle aimait faire la fête, mais tout le monde a fini par se lasser de son attitude cynique et sarcastique. Bon nombre de ses amis ont cessé de la fréquenter. Puis elle a appris qu'elle ne pouvait pas avoir d'enfants. Encore une fois, la vie l'empêchait d'assouvir un désir de base - celui de se reproduire. C'était le comble.

Mais alors qu'elle était au plus bas, elle a entrevu une solution: elle devait se départir de son attitude cynique et commencer à croire en la vie. Elle a fait le grand saut... et sa vie s'en est trouvée transformée! Les choses ont soudain commencé à avoir un sens. Elle est devenue plus agréable et les gens se sont mis à chercher sa compagnie. Elle a renoué d'anciennes amitiés, s'est fait de nouveaux petits amis. Bref, tout a changé pour le mieux.

Connaissez-vous des gens comme ça?

C'est dans l'obscurité qu'apparaissent les étoiles.
— Martin Luther King

La peur peut nous dominer au point de dicter les paramètres de notre existence. C'est facile d'accepter son sort quand tout va bien, mais on a besoin de quelque chose pour nous aider à traverser les temps durs et les épreuves. Je suis sûr que vous connaissez des gens qui se mettent à prier quand les choses vont mal.

Et vous, préférez-vous attendre que votre vie soit dominée par la peur avant de prendre la décision de plonger ? Croyez-vous que vous en aurez alors la force ou la capacité ?

Vous pouvez attendre, réfléchir et analyser tant que vous voudrez, il reste qu'il n'en tient qu'à vous de faire acte de foi en plongeant vers l'inconnu. Vous seul pouvez décider de changer votre vie.

Ce n'est sans doute pas ce que vous auriez aimé entendre, mais c'est la dure réalité. En vérité, ce n'est pas si dur que ça, même que c'est incroyablement simple : il suffit de prendre une décision et de s'engager résolument à la concrétiser. VIVEZ cette décision ! SOYEZ cette décision !

La foi aveugle

Le doute est un état mental désagréable,
mais la certitude est ridicule.
— VOLTAIRE

S'engager sur la voie de la foi signifie-t-il qu'il ne faut plus jamais remettre quoi que ce soit en question? Est-ce que je suis en train de vous dire qu'une fois que vous aurez fait le grand saut, vous ne connaîtrez plus jamais l'angoisse et le doute?

Loin de là! La foi aveugle porte bien son qualificatif, puisqu'elle nous rend aveugles. Des dirigeants comme Hitler ont perpétré des atrocités innommables contre l'humanité parce qu'ils étaient menés par une foi aveugle et absolue. La foi aveugle des fondamentalistes religieux de toutes allégeances est aujourd'hui à la source de bien des conflits.

Une partie de la force de l'être humain vient du fait qu'il a la capacité de remettre en cause ses croyances ainsi que celles de ses semblables. Ces remises en question lui permettent de jeter un regard neuf sur le monde. Lorsque nous mettons notre foi en doute, nous la ravivons et la renouvelons. Cela s'applique aussi à la foi que nous avons en nous-mêmes.

Si vous vous imaginez que tout deviendra rose dès que vous aurez décidé de vous libérer du joug de la normalité, eh bien, détrompez-vous! Quand on change sa vie pour suivre ses rêves et ses passions, on doit surmonter encore plus d'obstacles qu'auparavant. Croyez-moi, vous aurez vos moments de doute et de défaillance! Et chaque fois que vous vous retrouverez sur le carreau, vous serez devant un choix: vous pourrez soit rebrousser chemin, soit prendre votre courage à deux mains, renouveler votre foi en vous-même et poursuivre votre route.

Vous verrez qu'au fil du temps, une étonnante transformation s'opérera en vous: chaque crise, chaque épreuve que vous traverserez vous rendra plus fort, plus sûr de vous, plus apte à relever les défis que la vie vous impose. Ça peut paraître simpliste, mais c'est comme ça que ça fonctionne.

Ne perdez pas courage. Dites-vous que la vie ne vous lancera pas des défis qui sont au-dessus de vos forces. C'est ici que vous devez croire que la vie a un sens. Chaque épreuve vous inculquera des leçons qui vous seront profitables dans l'étape suivante de votre cheminement.

Certains diront que je prêche la résignation, mais ce n'est pas du tout ça. Je crois fermement que les grandes épreuves de la vie nous aident à grandir. Bon, je sais que personne n'aime le changement, n'empêche que c'est lorsque nous sommes déstabilisés et mal à l'aise que nous avons le plus de chances de trouver la force et le courage de réaliser nos rêves.

Alors prenez une grande respiration, acceptez qu'avoir la foi sous-entend une certaine part d'incertitude, puis plongez courageusement pour faire face aux épreuves qui vous attendent. Les moments difficiles et les remises en question vous aideront à rester lucide, bien à l'abri du carcan malsain de la foi aveugle.

CROIRE QUE
LA VIE A UN SENS

L'inévitabilité des malheurs

Sur des épaules malicieuses portées
Les amères semences du regret
S'épanouissent de par les royaumes fatigués
— Anonyme

Nous essayons tous, à un moment ou à un autre de notre existence, de conclure un marché avec la vie. *Si je suis bon et que je me comporte bien,* lui demandons-nous, *feras-tu en sorte que rien de mauvais ne m'arrive ?*

Malheureusement pour nous, il s'agit là d'un vœu impossible. Nous ne pouvons pas conclure pareil marché avec la vie. Même si nous croyons au karma, nous ne pouvons pas demander à la vie de nous épargner sous prétexte que nous sommes de bonnes personnes.

La vie est ainsi faite que des malheurs peuvent arriver à de bonnes personnes.

Pourquoi en est-il ainsi ? Pourquoi la vie est-elle si injuste ?

Quand on demanda à l'historien Charles A. Beard ce que l'Histoire lui avait appris, celui-ci répondit :

- Premièrement, les dieux saoulent de pouvoir tous ceux qu'ils veulent détruire.
- Deuxièmement, les moulins de Dieu tournent lentement, mais pulvérisent tout en une poudre infime.
- Troisièmement, l'abeille fertilise la fleur qu'elle butine.
- Quatrièmement, c'est dans l'obscurité qu'apparaissent les étoiles.

La foi que l'on a en la vie ne doit pas être sélective : elle doit englober le bon comme le mauvais. Pour en arriver là, il faut arrêter d'essayer de contrôler les différents aspects de son existence – n'ai-je pas dit précédemment que la vie est un mystère ? Croire que la vie a un sens ne veut pas nécessairement dire que l'on pourra déchiffrer instantanément la signification de chaque événement de sa vie. Il faut laisser le temps faire son œuvre. Le sens d'un événement ne se révèle bien souvent à nous que bien après sa survenue.

Ne faites pas l'erreur de croire que vous pouvez conclure un marché avec Dieu, le destin ou quoi que ce soit d'autre pour qu'il vous épargne les malheurs de la vie. De telles attentes utopiques risquent de faire germer en vous « les amères semences du regret ».

Passé le point de non-retour

Il se passe parfois un drôle de phénomène quand on s'engage sur la voie du changement – quoique, sur le coup, on ne trouve parfois pas ça drôle du tout!

Quand on a décidé de délaisser le carcan étouffant de la conformité pour se lancer à la poursuite de ses rêves, tout semble facile au début: on rencontre soudain des tas de gens intéressants qui se disent prêts à nous aider; on découvre de nouvelles sources de financement; bref, on sent que la Providence est là pour nous épauler.

Tout va comme sur des roulettes... jusqu'à ce qu'on passe le point de non-retour. Et là, oh là là mes amis! Voici que ces doutes que nous avions gaiement enfouis dans quelque sombre recoin de notre conscience reviennent à la charge sans crier gare! Imaginez la scène: vous avez quitté un emploi bien rémunéré et vendu tous vos biens pour vous joindre à un organisme humanitaire qui œuvre en Afrique. Vous êtes dans l'avion, en partance vers cette nouvelle vie, quand soudain vous vous sentez rongé par le doute. *Bon sang!*

que vous vous dites, *mais je dois être fou! J'avais un boulot formidable avec des possibilités d'avancement vertigineuses; j'étais à six mois d'une grosse promotion; j'avais presque fini de payer ma voiture... MAIS QU'EST-CE QUI M'A PRIS? QUELLE CONNERIE SUIS-JE EN TRAIN DE FAIRE?*

C'est facile d'être brave quand on a une porte de sortie. On se dit: *Oui, oui, je me suis engagé pour de bon sur cette voie.* Mais tout au fond de nous-mêmes, il y a une petite voix qui nous dit: *T'en fais pas, tu pourras tout laisser tomber si ça ne marche pas.*

Pas très sérieux comme engagement, vous ne trouvez pas?

Alex avait vécu un premier divorce alors qu'il n'était encore que dans la vingtaine. Dans les années qui ont suivi cet échec amoureux, il a travaillé sur lui-même en prenant des cours de croissance personnelle. Il désirait vivre une relation tendre et harmonieuse, et il ne voulait donc pas répéter les erreurs qu'il avait commises dans son mariage raté. À l'âge de 35 ans, il rencontra Sarah. Très vite, il se déclara pleinement engagé dans la relation. Même quand Sarah est allée vivre avec lui, Alex a continué à réitérer son engagement envers elle. Mais tout a changé le jour où il a appris que Sarah était enceinte. Au lieu de se réjouir de l'heureuse nouvelle, Alex a paniqué. La porte de sortie qu'il s'était toujours ménagée dans son esprit venait brusquement de se refermer. Il venait de passer le point de non-retour.

Que faire en pareille situation ? Eh bien, il faut accepter le fait que tout peut arriver. Personne n'est à l'abri des imprévus et des malheurs. Peu importe la voie que vous choisirez, votre foi sera un jour mise à l'épreuve. C'est inévitable.

Mais pourquoi cela arrive-t-il toujours quand on passe le point de non-retour ? Parce qu'avant cela nous avions une porte de sortie. Passé le point de non-retour, la fuite n'est plus possible.

Lorsqu'une épreuve ou un obstacle se présentera, retirez-vous dans un endroit tranquille et laissez vos peurs et vos doutes remonter à la surface. Confrontez-les ensuite un par un. Bon, vous aurez toujours la possibilité d'éviter le problème par la fuite, mais où cela vous mènerait-il ? Est-ce vraiment ce que vous voulez ? N'oubliez pas que c'est VOUS qui avez choisi de vous engager sur cette voie. Personne ne vous y a forcé !

Dites-vous bien qu'il n'y a pas que vous qui vivez ce genre d'épreuve. Au besoin, cherchez conseil auprès d'une personne que vous respectez. Tout le monde a des doutes de temps à autre. Ce qui importe, c'est la façon dont vous réagirez face à eux.

Si vous voulez vraiment vivre la vie dont vous rêvez, vous allez devoir AGIR et faire ce qu'il faut pour réaliser vos rêves.

Pendant des années, j'ai rêvé de fonder un centre de retraite. À un moment donné, j'ai trouvé le site idéal : j'ai décidé d'installer mon centre dans le nord de l'État de Queensland en Australie. Alors que je me préparais à amorcer ce grand tournant dans ma vie, tous les éléments se sont mis en place comme par magie. J'ai décroché un contrat de consultation lucratif qui m'a permis de bien prendre le temps de choisir la propriété qu'il me fallait. Et puis, tout le monde me disait que mon idée était fantastique ; beaucoup de gens m'ont même dit qu'ils orienteraient des groupes vers mon centre une fois que celui-ci serait opérationnel.

J'ai donc ouvert mon centre, et au début, tout alla comme sur des roulettes. Puis j'ai réalisé que je devais trouver du travail parce que je commençais à manquer d'argent. Malheureusement, je n'ai pu trouver dans ma région le genre de boulot auquel j'étais habitué. Comme j'avais une très haute opinion de moi-même, je refusais tous les petits emplois qu'on m'offrait.

Quand ma situation est devenue désespérée, je me suis dit que ma seule porte de sortie était de tout laisser tomber. J'étais vraiment au bout du rouleau. Mais avant de faire un geste aussi draconien, j'ai décidé de parler de ma situation à mon frère. Il m'a dit une chose que je n'oublierai jamais : « C'est sûr que tu peux t'avouer vaincu, plier bagages et partir la tête basse, m'a-t-il dit. Tu vas aller te trouver un "vrai" boulot, mais qu'est-ce qui va arriver après ? Eh bien, moi, je vais te le dire : dès que tu en auras assez de ton boulot ordinaire, tu vas recommencer à rêver d'ouvrir un autre centre de retraite ! »

« Merde ! que je me suis dit. Le frangin a raison ! »

Ces bonnes paroles m'ont aidé à voir les choses sous un angle différent. Si je ne travaillais pas à concrétiser mon rêve maintenant, alors quand le ferais-je?

Lorsque vous passerez le point de non-retour et que vous commencerez à douter de vous-même et de votre voie, posez-vous cette question: *Si j'abandonne maintenant, est-ce que je vais avoir envie de recommencer la même chose plus tard?*

Si vous répondez *oui,* alors prenez une grande respiration et continuez sur la voie que vous avez choisie. La réalité ne sera peut-être pas toujours à la hauteur de vos attentes, mais sachez que chaque épreuve vous rendra plus fort et plus déterminé que jamais. De ce fait, vous serez plus apte à surmonter les obstacles à venir.

Quand on a l'impression qu'il ne se passe rien

Quand tu partiras pour Ithaque, souhaite que le chemin soit long, riche en péripéties et en expériences… Si tu la trouves pauvre, Ithaque ne t'aura pas trompé. Sage comme tu l'es devenu à la suite de tant d'expériences, tu as enfin compris ce que signifient les Ithaques.

— Constantine P. Cavafy, poète grec

Dans la vie, rien n'est plus frustrant que d'avoir l'impression qu'il ne se passe absolument RIEN. Vous avez sans doute remarqué que les périodes difficiles sont bien souvent plus faciles à gérer que les périodes de stagnation. Les mauvaises passes ont cela de bon qu'il faut se démener pour s'en sortir ; dans ce genre de situations, on est tellement occupé à surnager qu'on n'a pas le temps ni l'envie de se poser des questions existentielles.

À l'opposé, les périodes creuses sont pour nous source de frustration. Quand rien n'arrive, on a beaucoup de temps pour réfléchir et se torturer les méninges. Mais le pire, c'est qu'on ne sait pas trop quoi dire quand les gens nous demandent: *Qu'est-ce que tu fais de bon, ces temps-ci?* La mort dans l'âme, nous nous disons que nous ne faisons rien, qu'il ne se passe rien, que notre vie est vide.

J'ai un ami qui a récemment terminé ses études supérieures. Il a travaillé très fort pour obtenir son doctorat. Or, bien que son champ d'étude soit tout à fait pertinent et d'actualité, son entourage avait toujours douté de lui, ce qui l'avait amené à douter de lui-même. Durant toutes ces années d'université, il avait vécu maigrement tandis que ses amis s'engageaient dans des carrières lucratives qui ne nécessitaient pas d'études avancées.

Lorsqu'il a soumis sa thèse, mon ami s'est dit que les choses allaient enfin démarrer pour lui, qu'il décrocherait un bon emploi, que son doctorat lui attirerait le respect de ses pairs, bref, que sa vie changerait pour le mieux. Le moins que l'on puisse dire, c'est que son nouveau statut lui est monté à la tête.

Malheureusement pour lui, les choses ne se sont pas du tout passées comme il l'aurait souhaité. Armé de recommandations rédigées par des professeurs respectés, il a postulé à plusieurs postes convoités, mais sans succès. Cette nouvelle vie qu'il avait tant espérée ne lui fut pas accordée.

Au fil des mois, sa confiance s'est émoussée. Plus les gens lui demandaient s'il avait trouvé un emploi et plus il perdait espoir, si bien qu'il a fini par éviter d'en parler. Quand on l'interrogeait à ce sujet, il balayait la question d'un geste de la main.

Durant cette période creuse, mon ami avait l'impression que sa vie n'allait nulle part et qu'il ne se passait rien, mais en réalité, un grand changement s'opérait en lui : son arrogance initiale se transformait en humilité. Au lieu d'imposer son opinion aux autres, il a commencé à les écouter. Au lieu d'exiger, il s'est mis à donner.

Quand on investit tous ses efforts et son énergie à escalader une montagne imposante, on en vient à croire que le salut nous attend au sommet. En se concentrant ainsi sur cette finalité, on oublie deux choses : premièrement, que notre périple peut nous être plus profitable que la destination elle-même ; deuxièmement, que notre destination ne sera peut-être pas celle que nous imaginions. Le premier pic que nous atteindrons n'est peut-être pas le plus élevé. Peut-être n'est-ce qu'un plateau couvert de brume sur lequel nous chercherons notre chemin. Tâtonnant dans ces limbes aveugles, nous deviendrons frustrés, puis désespérés.

Au lieu de vous laisser envahir par ces sentiments négatifs, vous devriez vous dire que ce plateau brumeux est en fait une oasis, un endroit sûr que la vie vous donne pour que vous puissiez vous reposer et reprendre votre souffle avant de poursuivre votre route. Vous ne savez pas dans quelle direction aller pour le moment, mais si vous attendez patiemment tout en continuant à croire que la vie a un sens, ce brouillard qui vous aveugle finira par se dissiper. Vous vous réveillerez un beau matin sous un ciel dégagé et découvrirez une cime encore plus haute et plus belle que celle que vous venez d'escalader. Qui plus est, le chemin que vous devrez prendre pour atteindre ce nouveau sommet vous sera soudain révélé.

Je sais que ce n'est pas facile d'attendre que la brume se dissipe, de réprimer cette envie que l'on a de courir aveuglément dans le brouillard en quête d'un signe, d'un guide, d'un conseiller. Quand on se démène ainsi, on se fatigue inutilement ; la brume ne se dissipera pas tant qu'on ne se sera pas arrêté pour se reposer. Ce n'est qu'une fois que nous aurons l'énergie nécessaire pour poursuivre notre périple que la route à suivre nous sera révélée.

Tout le monde est aux premières loges.
— JOHN CAGE

Ne perdez pas la foi durant les périodes de stagnation et de frustration. Il y a un temps pour chaque chose et chaque chose se fait en son temps. Gardez confiance même si c'est le calme plat en surface, car dans les profondeurs invisibles, votre avenir est en train de se tramer.

L'esprit connaît la voie la plus directe

Donne au monde le meilleur de toi-même et il te donnera ce qu'il a de meilleur en retour.
— MADELINE BRIDGES

Si, comme moi, vous cherchez toujours à tout contrôler, vous avez probablement déjà une vision de votre futur idéal et vous savez EXACTEMENT comment vous allez vous y prendre pour atteindre votre but. Peut-être vous êtes-vous déjà fixé des objectifs spécifiques pour chaque étape de ce périple. Vous avez peut-être même élaboré un plan d'action rigoureux qui vous dit, de semaine en semaine, quand et comment faire certaines choses.

Pensez-vous vraiment que vous pouvez planifier votre vie avec autant de rigueur ? Croyez-vous pouvoir dicter le déroulement des événements à l'univers ?

Allons, soyons réalistes !

Dans *Agir,* je vous ai dit d'imaginer une échelle qui vous relierait à votre futur idéal et de déterminer les étapes de votre progression sur les barreaux de cette échelle. Bon, je ne vous dis pas de rejeter maintenant le concept de l'échelle ; je ne vous dis pas non plus que vous ne pouvez pas avoir d'objectifs spécifiques. Ce que j'essaie de vous faire comprendre, c'est que vous devez faire preuve de souplesse face à ces objectifs.

Celui qui s'engage sur la voie spirituelle doit accepter le fait que les rouages de l'univers sont beaucoup plus complexes qu'il ne peut l'imaginer. Une fois que vous aurez précisé votre vision de l'avenir comme je vous l'ai conseillé dans *Être* et que vous aurez saisi l'émotion qu'elle évoque en vous tel que je vous l'ai indiqué dans *Agir,* vous devrez lâcher prise.

Lâcher prise ? Eh oui ! Vous devez avoir une vision claire de votre avenir. Quand vous vous imaginez dans votre futur idéal, vous devez être capable de voir, d'entendre et surtout de SENTIR ce qui se passe en vous et autour de vous. Il est important que vous sachiez quelle ÉMOTION vous ressentez, car l'émotion est le langage de la création. En visualisant les émotions que vous éprouverez dans ce futur idéal, vous serez en mesure de cerner votre intention avec une clarté absolue et de transposer votre vision dans le monde matériel.

Une fois que vous aurez mis votre vision en branle à l'aide de l'intention, lâchez prise et SOYEZ PRÉSENT à ce qui se passe autour de vous. Vous accrocher à votre vision ne vous vaudra que frustration. Après tout, qu'est-ce qui vous fait croire que la voie que vous avez choisie est la meilleure et la plus rapide ?

J'ai parlé précédemment du centre de retraite que je rêvais de fonder. Plusieurs années auparavant, j'avais vécu en Afrique du Sud, dans une ferme magnifique nichée au pied des montagnes Drakensberg. Quand je suis arrivé là, j'ai tout de suite pressenti que ce serait le site idéal pour un centre de retraite, mais je me suis dit que c'était un rêve impossible. Mon manque de confiance m'a poussé à tenter ma chance plus près de chez moi, dans le nord de l'Australie.

Quand mon centre de retraite australien s'est avéré un échec, j'étais incroyablement frustré. Je me répétais que L'ESPRIT CONNAÎT LA VOIE LA PLUS DIRECTE. Néanmoins, j'étais très déçu de la tournure des événements et je tentais désespérément de rectifier la situation par la voie de la raison.

Devinez où j'habite maintenant. Eh oui, je vis dans une ferme au pied de mes chères montagnes africaines!

Les brèches, voilà l'important. Oui, ces brèches sont bien les seules demeures de l'esprit, des altitudes et des altitudes d'une minceur et d'une pureté si éblouissante que l'esprit peut s'y découvrir pour la première fois, comme un aveugle qui aurait recouvré la vue.

— ANNIE DILLARD

Je n'aurais JAMAIS pu découvrir cette vérité par moi-même mais, rétrospectivement, je me rends compte que c'était la seule voie possible.

Ce sont les expériences que j'ai vécues par le passé qui m'ont permis de me rendre là où je suis aujourd'hui.

Tout au long de ma route, j'ai parlé à des gens qui ont eu un parcours similaire, ce qui m'a permis de comprendre combien il est essentiel de croire que tous les événements de notre vie ont leur raison d'être. Quand on demande à la vie de nous accorder de grands cadeaux avec une clarté absolue, il y a bien des chances que nos vœux soient exaucés. Mais pour en arriver là, il faut cesser d'essayer de tout contrôler et croire que L'ESPRIT CONNAÎT LA VOIE LA PLUS DIRECTE!

La grâce

Les deux épreuves les plus difficiles sur le chemin spirituel : la patience d'attendre le bon moment, et le courage de n'être pas déçus par ce que vous trouvez.
— Paulo Coelho, *Véronika décide de mourir*

Il est évident qu'accepter les malheurs qui nous arrivent n'est pas chose facile. C'est même incroyablement difficile. En pareille situation, nous pouvons décider d'affronter l'adversité en nous battant contre le monde entier, mais où cela nous mènera-t-il? Eh bien, je vais vous le dire : ce genre d'attitude vous rendra furieux et frustré.

Au lieu de cela, considérez-vous satisfait de votre situation et accueillez avec joie les leçons qui en découlent. Restez conscient du fait que ce moment ou cette période difficile vous donne l'occasion de grandir, d'évoluer. En refusant de changer, en vous bornant à votre vision habituelle du monde et de vous-même, vous ne pourrez pas profiter des leçons que la vie vous enseigne et vous deviendrez contrarié, voire déprimé. *Pourquoi moi?,* vous demanderez-vous. *Qu'est-ce que j'ai fait pour mériter ça?*

Muhammad Ali a connu bien des hauts et des bas dans sa vie. Ces dernières années, la maladie de Parkinson a rendu presque muet ce boxeur légendaire qui était reconnu tant pour ses envolées verbales que pour ses prouesses de pugiliste. Ali serait en droit de ressentir quelque amertume vis-à-vis de sa présente condition ; or, voilà ce qu'il a dit à ce sujet lors d'une entrevue de 1989 réalisée par Davis Miller :

> MILLER – Cela vous dérange-t-il d'être réduit à cela alors que vous étiez le plus grand de tous?
>
> ALI – On ne remet pas en question les desseins de Dieu. Je sais pourquoi ça m'est arrivé. Dieu a fait ça pour me faire comprendre et pour vous faire comprendre (Ali pointe Miller de son doigt tremblant) que je suis un homme comme les autres.

L'élégance dont Ali fait preuve ici n'étonnera sans doute pas ses fans de longue date, mais moi, ce qui m'a marqué, c'est qu'Ali, même malade, n'a pas cherché à se cacher, à s'isoler. Au lieu de cela, il a fait face au monde avec courage et dignité – il a probablement inspiré autant de gens en allumant la flamme olympique d'une main tremblante aux Jeux d'Atlanta de 1996 que lorsqu'il se battait sur le ring. L'athlète fier et arrogant d'autrefois s'est transformé en un dignitaire humble, généreux et dévoué.

Et nous, sommes-nous capables d'accepter les revers et les épreuves avec autant de dignité que

Muhammad Ali ? Je sais que ce n'est pas facile, mais avons-nous vraiment d'autres choix ? Vous pouvez bien sûr choisir de réagir avec colère et refuser d'accepter ce qui vous arrive, mais sachez que vous vivrez alors une terrible anxiété.

Le tout est de garder la foi. Croyez que les événements de votre vie ont un sens même si vous ne saisissez pas leur signification instantanément, et vous aurez la moitié du chemin de fait !

Comment vous inculquerez-vous cette croyance ? En l'incorporant à vos séances quotidiennes de méditation. N'oubliez pas que vous êtes ce que vous croyez. Sachant que votre scénario intérieur est tout-puissant, employez-vous à le changer.

Videz votre esprit chaque matin en appliquant la méthode exposée dans *Être.* Une fois que vous aurez tranquillisé votre esprit, réfléchissez à votre façon d'être dans le monde. Est-il important pour vous d'exercer un contrôle total sur votre existence ? Si oui, alors vous devez apprendre à lâcher prise. Je ne veux pas dire par là que vous devez cesser de faire des efforts pour arriver à quelque chose, mais que vous devez soumettre votre volonté à celle de Dieu ou d'une autre force suprême. Au lieu de résister aux événements de votre vie, acceptez-les tels qu'ils sont et restez à leur écoute. Vivez l'instant présent.

Vous avez le choix : vous pouvez soit gaspiller votre énergie à vous plaindre de ce qui vous arrive, soit accepter la situation telle qu'elle est et agir sur elle positivement. Je vous garantis pour ma part qu'on trouve la vie beaucoup plus facile quand on croit qu'elle a un sens.

Bien respirer

Tout comme le battement du cœur, la respiration est un phénomène involontaire chez l'humain. Malgré cela, nous oublions souvent de respirer quand nous vivons une situation difficile.

Durant votre séance de méditation matinale, vous vous êtes dit que vous ne lutteriez pas contre les événements, que vous ne vous mettriez pas sur vos gardes si les choses n'allaient pas comme vous le souhaitiez. Mais voilà que vous arrivez au boulot et que tout se met à aller de travers!

Quand vous sentez que vous êtes sur le point de perdre les pédales, RESPIREZ!

Il existe plusieurs techniques de respiration. Celle que je vous propose ici est dérivée d'une technique amérindienne appelée «respiration à quatre temps». Voici comment on l'exécute:

- Inspirez lentement par le nez en comptant jusqu'à quatre. Sentez l'oxygène circuler à travers votre corps et imaginez qu'une énergie blanche et lumineuse vous envahit et vous purifie.
- Retenez votre souffle en comptant jusqu'à quatre. Sentez bien l'effet purificateur de l'énergie blanche qui est en vous.

par la bouche en comptant jusqu'à
Ce faisant, imaginez que votre orga-
évacue toutes les toxines et les éner-
négatives qu'il contient.

- Une fois que vous aurez expiré complètement, n'inspirez pas immédiatement. Comptez jusqu'à quatre en sentant une énergie apaisante s'installer en vous.
- Répétez le processus. Avec chaque nouvelle respiration, vous vous sentirez devenir de plus en plus léger ; vos pensées et vos énergies négatives vous quitteront peu à peu.

Utilisez cette technique simple dès que vous sentez poindre en vous une émotion négative ; c'est aussi un excellent exercice à faire quand on est fatigué. Cette technique oxygène le corps et active le système lymphatique, ce qui contribue à purger votre système de ses toxines.

N'oubliez pas que cet exercice a pour but de vous aider à rester calme et centré, et de vous empêcher de réagir émotionnellement à un événement. Dès que vous réagissez à une situation avec vos émotions, vous perdez le contrôle de vous-même et de vos moyens, ce qui vous empêche d'agir de façon positive et constructive dans ce monde que nous façonnons à l'aide de nos intentions.

CROIRE EN SOI-MÊME

Se pardonner

Il y a une grande différence entre un homme qui dit « J'ai raté mon coup trois fois » et un autre qui dit « Je suis un raté ».
— S. I. Hayakawa

Les erreurs font partie de la vie. Nous faisons tous de temps à autre des gestes dont nous ne sommes pas fiers. Dans *Être* et *Agir*, j'ai mentionné combien il est important d'être indulgent envers soi-même ; je vous dirai maintenant que la foi a un rôle à jouer là-dedans.

Jason était un bon gars, mais il avait un gros défaut : il avait tendance à se fâcher et à engueuler sa petite amie quand il était stressé. La première fois que ça s'est produit, il a demandé pardon profusément après avoir recouvré son calme et il a promis de ne plus jamais recommencer. Quelques semaines plus tard, fatigué après une dure journée de travail, il s'est mis en colère pour une vétille et a engueulé sa compagne. Le lendemain matin, la crise était passée et il a de nouveau présenté ses excuses et a promis encore une fois que cela ne se reproduirait plus.

Un mois plus tard, alors qu'il croyait avoir enfin réussi à contrôler ses sautes d'humeur, il a piqué une autre crise monumentale parce qu'il était resté debout toute la nuit pour s'occuper de son enfant qui était malade. Une fois calmé, tout comme aux épisodes précédents, il a fait ses excuses et a promis de ne plus récidiver, sauf que cette fois, il a commencé à douter de lui-même. Se disant qu'il n'était peut-être rien de plus qu'un jeune homme frustré et colérique, il a perdu confiance en lui-même et a commencé à croire qu'il ne parviendrait jamais à contrôler ses humeurs. Un prochain accès de colère l'a convaincu de la chose et lui a fait perdre tout espoir de pouvoir changer un jour son comportement. Il s'est mis à blâmer sa petite amie pour ses crises, si bien que leur relation s'est peu à peu détériorée.

À partir de ce moment, Jason a nourri une image très négative de lui-même et il a continué à provoquer des situations de crise qui le mettaient hors de lui. Au bout d'un temps, les accès de colère étaient devenus pour lui une habitude.

Pour avoir foi en nous-mêmes, nous devons croire que nous pouvons corriger ces aspects de notre personnalité et de notre comportement qui nous semblent déficients. Nous ne devons pas avoir peur de la part d'ombre qui sommeille en nous, de ces sombres démons qui nous habitent.

Une personne qui commence à croire les jugements négatifs qu'elle entretient envers elle-même se retrouve bientôt emprisonnée dans un moule duquel elle aura bien du mal à s'extirper.

En se concentrant sur ses failles et ses lacunes, elle ne fait que les renforcer.

En votre for intérieur, vous considérez-vous comme une personne faible? comme un raté ou un incapable? Si c'est le cas, souvenez-vous que la vie est un périple au cours duquel vous subirez maintes transformations. Très peu de gens peuvent se vanter d'être exactement tels qu'ils le souhaiteraient. Bon nombre d'entre nous ont déjà vécu avec un être aimé, que ce soit un parent, un ami, un enfant ou un conjoint, une relation difficile qui mettait en lumière un côté d'eux-mêmes qu'ils n'aimaient pas. Dans ces moments-là, nous devons nous rappeler que nous sommes toujours plus durs envers nous-mêmes qu'envers les autres, et particulièrement quand nous vivons une période de remise en question et de quête spirituelle.

Si vous avez une image négative de vous-même, alors vous devez changer votre scénario intérieur. Nous sommes tous nés avec une étincelle du divin en nous; nous sommes tous capables de réaliser de grandes choses; nous sommes tous enfants de Dieu.

Quand on se juge trop durement soi-même, on s'empêche de travailler sur ses faiblesses et, par conséquent, on se déresponsabilise. On s'invente des excuses pour expliquer pourquoi on agit comme on agit, si bien qu'au fil du temps il devient de plus en plus difficile de changer.

Gloria s'est mariée très jeune. Peu de temps après son mariage, son époux a commencé à avoir de mauvaises fréquentations et il s'est mis à fumer de la marijuana. Gloria n'aimait pas la drogue, néanmoins elle a commencé à fumer elle aussi pour être acceptée des autres. Elle a fini par y prendre goût au point où elle ne pouvait plus se passer de son petit joint à la fin de la journée.

Lorsqu'elle est allée chez ses parents au Noël suivant, elle a essayé de ne pas fumer, mais après avoir bu quelques verres l'envie était trop forte et elle est allée dehors pour fumer un joint en cachette. Soulagée, elle est retournée à l'intérieur, mais au bout d'un moment, elle a remarqué que sa nièce de 14 ans la regardait bizarrement. Quand l'adolescente s'est mise à rire, Gloria a compris que celle-ci savait qu'elle était défoncée.

Sous l'effet de la drogue, Gloria a paniqué. *Pourquoi suis-je une si mauvaise personne ?,* s'est-elle demandé. À son retour à la maison, elle était hantée par le souvenir de ce qui s'était passé. Elle n'a pas raconté l'incident à son mari, mais celui-ci a tout de suite remarqué que quelque chose avait changé en elle. Elle semblait différente, moins sûre d'elle. Elle était irritable et se fâchait pour un rien. Les scènes de ménage se multipliaient et se terminaient toujours de la même façon : *Tu penses que je ne suis pas assez bonne pour toi, c'est ça ?* lançait-elle d'un ton accusateur. Fatigué de son comportement, son mari a fini par la quitter, ce qui n'a fait que renforcer l'image négative qu'elle se faisait d'elle-même.

Gloria a essayé de rester célibataire, mais cela ne lui réussissait pas. Au bout d'un temps, elle a décidé de se faire un autre petit ami. Cette fois encore, elle n'a pu se départir de son insécurité. Elle a tenté de cacher ce sentiment envahissant à son nouvel amoureux, mais il a bientôt surgi comme auparavant sous forme de colère. Le modèle précédent se poursuivait. *Tu penses que je ne suis pas assez bonne pour toi?* criait-elle à la fin de chaque engueulade.

Le nouveau copain de Gloria était perplexe. Il l'aimait, mais ne comprenait pas pourquoi elle disait des choses pareilles.

La vérité était que Gloria en était venue à être dominée par le scénario négatif qu'elle s'était concocté, et par le jugement impitoyable qu'elle posait sur elle-même.

Nous devons nous pardonner nos faiblesses, mais nous devons aussi avoir le courage de les voir en face. Ne refoulez pas ces choses au fond de vous-même, car ce n'est qu'après avoir fait la lumière sur les replis les plus sombres de votre personnalité que vous pourrez aspirer au salut et à la guérison. N'ayez pas peur de vous-même. Ne cachez rien, ni à vous ni aux autres. Songez que tôt ou tard vous serez démasqué – nous sommes tous liés, vous vous souvenez?

Faites courageusement face aux jugements les plus durs que vous portez sur vous-même. Ayez en vous la certitude intime que tout problème peut être réglé quand on a la volonté et le courage de FAIRE QUELQUE CHOSE pour y remédier.

Ne gardez pas la tête dans le sable. En vous soustrayant au monde, vous ne servez pas vos intérêts ni ceux de l'humanité. N'oubliez pas que nous sommes « un ». Quand vous avez mal, nous souffrons tous. Quand vous êtes heureux, nous nous réjouissons aussi.

Et quand l'un de nous est malheureux, nous sommes tous malheureux avec lui.

Désamorcez votre ego

Au-delà des idées du bien et du mal, il y a un champ ;
je vous y donne rendez-vous. Quand l'âme se couche
dans cette herbe, les idées, la langue, et même
l'expression « l'un l'autre » n'ont plus aucun sens.
— RUMI

Pour être en harmonie avec la vérité universelle qui nous dit que nous sommes tous un, nous devons éviter de trop nous concentrer sur notre ego – ou notre « moi », comme on dit en psychanalyse –, car en faisant cela, nous nous empêchons d'accepter la vraie nature de la réalité et d'avancer sur la voie spirituelle.

Qu'est-ce que le moi, au juste ? Est-ce notre corps physique, notre âme, nos émotions ou notre esprit ? N'est-ce qu'un simple concept intellectuel que l'homme a développé au fil du temps ?

Je crois que l'ego ou le moi est un scénario que chacun de nous échafaude sur une longue période de temps en se basant sur ses expériences passées et sur ce qu'on lui a dit durant sa vie. Selon cette définition, celui qui s'accroche trop fortement à son ego se distancie du monde. Il voit d'abord son moi, puis il voit le monde à travers les yeux de ce moi. Le moi devient alors comme un filtre à travers lequel cette personne tamise ses expériences afin de les intellectualiser et de leur donner un sens.

Mais quelle est donc la véritable nature de la réalité ? Sommes-nous des êtres physiques qui tendent désespérément vers le spirituel ou des êtres spirituels emprisonnés dans l'univers physique ? J'opte personnellement pour la seconde option. Je crois que l'être humain est un pont tendu entre le paradis et la terre ; l'énergie spirituelle – ce que les Chinois nomment *chi* – s'écoule du ciel jusqu'à nous, entre en nous par le dessus de notre crâne, traverse notre corps, puis ressort par nos pieds pour s'enfoncer dans la terre.

C'est un peu comme si nous étions des autocollants fixés au pare-chocs d'une voiture : nous sommes en contact avec cette source motrice, cette source d'énergie, mais cette énergie doit elle-même être en contact avec la terre pour pouvoir nous transporter.

Plusieurs écoles de pensée considèrent que les maux physiques sont dus à un blocage de l'énergie dans le corps. Or, ce genre de blocage survient quand nous tentons de nous agripper au flot énergétique qui, en temps normal, circule librement dans notre corps. En nous accrochant ainsi, nous inhibons son débit.

Pour que cette énergie circule librement en nous, il faut lâcher prise.

S'accrocher au moi équivaut à s'accrocher à notre scénario intérieur, à l'image de nous-mêmes que nous avons échafaudée tout au long de notre existence. Au lieu de simplement accepter et accueillir les flots énergétiques qui nous traversent, nous tentons de les appréhender avec notre esprit pour les intellectualiser, puis les interpréter. Quand on procède ainsi, on s'accroche à une chose ou à un événement et on essaie de le comprendre, de l'expliquer en se basant non pas sur ce qu'il est, mais sur ce qu'il devrait être. Cette attitude entraîne un blocage qui nous empêche de voir la vraie nature de la réalité, ce qui nous empêche en retour de grandir et d'évoluer.

Plus vous essaierez de vous accrocher à votre ego et moins vous serez apte à accepter le flot naturel de l'univers, à recevoir la sagesse et le potentiel de croissance qu'il vous transmet.

Je sais que c'est un concept difficile à saisir, mais demandez-vous ceci : êtes-vous en train d'essayer de comprendre ce concept avec votre esprit ou avec votre cœur ?

J'ai dit dans *Être* que les Amérindiens croient que les Occidentaux sont malheureux parce que leur rapport avec le monde est erroné. Ils disent que nous, Occidentaux, recevons par la raison et décidons avec l'esprit, que nous nous approprions par l'émotion, puis donnons avec le corps. En d'autres mots, nous nous creusons la tête à essayer de comprendre ce qui nous arrive, puis nous tentons de prendre une décision en nous basant sur ce que nous dicte notre instinct ; nous évitons d'exprimer nos émotions parce que nous avons peur d'être blessés, mais nous donnons par le corps en offrant des cadeaux à ceux qui nous sont chers pour leur communiquer notre amour et notre affection.

Selon la tradition amérindienne, nous devrions plutôt recevoir par l'esprit, décider avec la raison, s'approprier par le corps et donner avec nos émotions. Cette approche me semble beaucoup plus logique considérant que nous vivons dans un monde où tous les êtres sont liés les uns aux autres.

Miranda travaillait en tant que spécialiste en formation corporative. En dépit de ses compétences, elle était toujours très nerveuse avant le début d'une séance de formation. Elle s'inquiétait surtout de ce que les gens penseraient d'elle et de ce qu'ils diraient à leurs supérieurs à la fin de la journée.

Au début de chaque séance, Miranda était visiblement mal à l'aise. Les gens qui assistaient à la formation percevaient son malaise et devenaient donc plus critiques à son égard. Ils observaient ses gestes avec plus d'attention qu'ils ne l'auraient fait normalement et détectaient aussitôt les erreurs et les maladresses qu'elle commettait.

Il y avait une partie du programme de formation en laquelle Miranda croyait profondément. Quand elle arrivait à cette section, elle se mettait soudain à parler avec passion ; elle livrait son propos avec autorité et son comportement changeait du tout au tout. Au lieu de penser à son image ou à la perception que les autres avaient d'elle, elle se concentrait sur la matière et s'assurait que les participants comprenaient l'information qu'elle leur transmettait. Ceux-ci percevaient immédiatement ce changement dans son attitude. Ils savaient qu'elle ne songeait plus à son moi et qu'elle était maintenant totalement présente.

Cet exemple nous dit que nous ne pouvons pas donner la pleine mesure de nous-mêmes et réaliser notre plein potentiel quand nous sommes concentrés sur notre ego. En nous repliant ainsi sur nous-mêmes, nous rejetons la réalité et empêchons le *chi* de circuler librement en nous.

Considérons la chose sous un angle scientifique en l'appliquant à la notion de « champ morphique », cette énergie qui nous relie les uns aux autres du fait qu'elle circule constamment entre nous et tout autour de nous.

Une personne qui est concentrée sur son moi prend les énergies qu'elle désire et rejette les énergies dont elle ne veut pas. Elle effectue cette sélection en se basant sur sa propre opinion, généralement très arrêtée, de ce qui lui convient et de ce qui ne lui convient pas. Repliée ainsi sur elle-même, elle filtre ses expériences à travers le tamis de sa vision préconçue du monde, de ce qui, selon elle, devrait ou ne devrait pas être. Elle est convaincue qu'elle prendra les bonnes décisions du moment qu'elle fera ce processus de manière réfléchie, en usant de raison.

En vérité, nous bloquons notre flot d'énergie quand nous procédons ainsi. Nous vivons alors la réalité non pas telle qu'elle est, mais telle que nous la concevons.

Bien des gens croient que c'est en s'accrochant et en forçant les choses qu'on obtient ce que l'on désire, mais c'est tout le contraire qui se produit quand on agit ainsi : à force de pousser, on s'impatiente et on finit par repousser les personnes qui seraient susceptibles de nous aider.

Oubliez votre ego un instant et cessez d'avoir peur de ne pas être compris, accepté, entendu. Au lieu de vous concentrer sur vous-même, soyez attentif aux autres ; soyez là pour eux et donnez-leur le meilleur de vous-même. Ayez foi en la loi universelle du karma. Je vous garantis qu'il se passera alors une chose incroyable : vous recevrez en retour bien davantage que vous n'auriez pu l'espérer ou l'imaginer !

Que vient faire la foi dans tout ça ? Eh bien, commencez par vous demander pourquoi vous vous accrochez tant à votre ego. Pourquoi cherchez-vous à préserver et à protéger cette image que vous avez de vous-même ? Peut-être craignez-vous, tout comme Miranda, que les autres ne vous apprécieront pas si votre moi n'est pas à l'avant-plan, s'il n'est pas suffisamment fort et présent.

En votre for intérieur, croyez-vous que vous n'arriverez à rien si vous ne travaillez pas consciemment sur vous-même ? Qu'est-ce qui vous fait croire que les choses n'arriveront pas d'elles-mêmes, tout naturellement, sans que vous cherchiez constamment à forcer la main du destin ?

Qu'est-ce qui vous fait croire que vous connaissez le meilleur moyen d'assurer votre croissance spirituelle ?

Si vous laissez votre esprit rationnel vous dicter ce que vous devez faire ou ne pas faire, la vie ne vous donnera rien qui puisse dépasser votre savoir limité et votre perception personnelle de l'univers. En vous obstinant à recevoir par la raison, vous inhibez cette capacité qu'a votre esprit de percevoir une chose ou une situation dans son ensemble. Bref, vous vous mettez des bâtons dans les roues!

Bon, d'accord, mais qu'est-ce qu'on doit faire au juste pour désamorcer cet ego encombrant? On doit lâcher prise, voilà ce qu'on doit faire.

Notre moi n'est après tout rien de plus qu'un scénario – notre histoire intime, notre histoire intérieure. Or, vous arrêterez de vous accrocher à ce scénario quand vous commencerez à croire que vous êtes un être au potentiel infini qui n'a pas besoin de toujours tout contrôler.

Cessez de vous accrocher. Vous POUVEZ lâcher prise.

Durant votre séance de méditation matinale, une fois votre esprit apaisé, essayez de «sentir» votre champ énergétique, comme un cocon qui vous enveloppe. Laissez ce champ énergétique s'étendre de plus en plus loin, jusqu'à ce qu'il englobe la terre entière. (J'ai proposé un exercice semblable dans *Agir,* sauf qu'ici l'intention est différente.) Ne vous percevez pas comme étant distinct de la terre et des êtres qui l'habitent; fondez-vous en eux, imaginez que vous faites partie d'un tout, que vous êtes en harmonie avec l'univers. Répétez ensuite dans votre esprit le mantra suivant: «Pas de je, pas de mien, pas de moi…» Sentez votre ego s'évaporer peu à peu.

Restez assis un moment pour profiter de cet état bénéfique, puis refaites surface graduellement en laissant votre champ énergétique reprendre sa taille habituelle. Concluez votre séance de méditation par une intention précise : donnez-vous pour but d'être plus conscient du lien qui nous unit tous.

Ne vous accrochez pas aux échanges énergétiques que vous ressentez. Observez-les, puis laissez-les passer. De même, quand vous sentez que vous vous accrochez à une image arrêtée de vous-même, lâchez prise. Cela vous aidera à vous percevoir comme faisant partie d'un tout, le but étant de donner librement... sans se mettre des bâtons dans les roues.

Le courage

Il faut avoir du courage pour changer notre vision du monde et notre rapport avec lui, surtout quand les choses en lesquelles nous devons croire sont à peu près improuvables. Quand je rencontre des gens, j'essaie toujours de savoir quelle est leur vision du monde et comment cette vision influence leur existence. J'ai par exemple rencontré un jour un rabbin qui travaillait en Israël avec des personnes dont la foi était quotidiennement mise à l'épreuve. Il était venu en Australie pour prodiguer son enseignement et j'ai eu la chance de passer pas mal de temps avec lui.

À l'occasion d'une de nos promenades, j'ai voulu savoir ce qu'il demandait à Dieu dans ses prières et je l'ai questionné à ce sujet. Il m'a expliqué que dans la foi juive, on croit qu'il est impossible de comprendre quel effet, quelle action la main de Dieu a sur le monde. Il m'a dit que, considérant tout ce qui se passe de mauvais aujourd'hui dans le monde, la personne qui demande quelque chose à Dieu dans ses prières serait en droit de croire que celui-ci néglige les hommes, voire qu'il est cruel envers eux. Le rabbin évitait de tomber dans ce piège en demandant simplement à Dieu de lui donner le courage d'accepter les défis quotidiens de la vie et la foi de croire que la main de Dieu agit sur le monde même si on ne comprend pas toujours le sens de ses interventions.

Ne dit-on pas que les voies du Seigneur sont impénétrables ?

Pensez à ça quand votre foi est mise à l'épreuve. Exprimez ce que vous exigez de la vie et de vous-même avec une intention claire, puis lâchez prise. Ne vous accrochez pas à ces souhaits. Priez pour avoir le courage et la force d'affronter tous les écueils de l'existence et de croire que ceux-ci ont un sens. Comme le dit le proverbe, rien n'arrive pour rien. Ne l'oubliez jamais.

Quelle est votre attitude naturelle ?

Il y a des gens qui passent leur vie à saboter chaque situation positive, alors que d'autres voient les choses de façon positive même quand ils sont dans un mauvais pas. En fait, les gens qui ont une attitude positive sont plus chanceux que les autres parce qu'ils créent leur propre chance. Dites-vous bien que la façon dont on réagit à une situation est plus importante que la situation elle-même. La vie vous fait plier les genoux ? Alors relevez-vous !

— ANONYME

Quand les choses semblent stagner dans votre vie, assoyez-vous dans un endroit tranquille, laissez-vous aller, puis observez bien dans quel état d'esprit vous vous trouvez. Vous sentez-vous calme et positif ou anxieux et craintif ? Ce que vous ressentez là est l'attitude naturelle que vous avez face à la vie.

J'ai rencontré au fil des années bien des gens dont l'attitude naturelle était le désespoir. Mais pourquoi diable se sentir ainsi quand la théorie des champs morphiques nous dit que nous sommes tous liés les uns aux autres? Avez-vous besoin de signes du destin pour vous sentir heureux et positif? Si oui, vous avez tort. Ne vous dites pas que vous êtes un raté ou une mauvaise personne simplement parce que vous vivez une période difficile où tout semble aller de travers. Ayez confiance et conservez une attitude positive. La vie ne vous a pas oublié.

Les personnes qui ont une attitude naturelle de désespoir gravitent autour de circonstances et de situations qui viennent renforcer cette attitude. Au sein de ce cercle vicieux, la foi d'un individu est mise à rude épreuve.

Bien que l'écriture soit mon activité favorite, j'ai dû travailler comme enseignant et consultant par le passé pour gagner ma croûte. J'ai également traversé des périodes de disette durant lesquelles j'étais incapable de me trouver quelque travail que ce soit. Or, j'ai ressenti dans ces moments-là ma part d'anxiété et de désespoir. J'étais incapable de payer mes comptes courants et j'appréhendais le moment où un huissier viendrait cogner à ma porte pour saisir tous mes biens. Il va sans dire que je suis incapable d'écrire quand je suis dans cet état-là. L'inquiétude que je ressens face à mes problèmes me paralyse totalement.

Ce qui est étrange, c'est que dès que je décide de me secouer, d'oublier mes problèmes et d'écrire pour mettre à profit cette période creuse, les contrats commencent à rentrer.

Curieux, vous ne trouvez pas?

Avec le recul, je m'aperçois que chaque période creuse était en fait une chance fabuleuse que je n'ai pas su saisir. Je m'apitoyais sur mon sort au lieu d'être positif et confiant que les choses allaient finir par débloquer.

Pour changer votre attitude naturelle, il faut que vous changiez votre scénario intérieur. Cela nécessitera un effort de votre part, mais vous découvrirez bientôt qu'il est aussi facile de mettre de l'énergie dans les bonnes choses que dans les mauvaises. C'est à vous de décider.

La méditation vous aidera dans ce cheminement. Pour avoir une certaine mesure de contrôle sur les différents aspects de votre vie, vous devez d'abord apprendre à contrôler votre esprit. Commencez par faire le calme en vous, puis élaborez mentalement un scénario différent.

Quand le sens de votre existence vous échappe, vous devez continuer de croire que la vie a un sens et que ce sens vous sera révélé au moment opportun.

Inscrivez des affirmations positives sur une feuille de papier et collez-la au mur si vous avez du mal à changer votre scénario intérieur.

N'ATTENDEZ PAS, AGISSEZ !

N'oubliez pas que chacun fait sa chance.

Mourir à soi-même

Il faut porter le chaos en soi pour
donner naissance à une étoile qui danse.
— Friedrich Nietzsche

Trucidez le passé au lieu de vous y accrocher ! Mourez à ce que vous étiez pour donner naissance à un être neuf !

C'est bien beau changer de vie, me direz-vous, *mais qu'est-ce que je vais faire si je n'aime pas ma nouvelle vie ?*

C'est justement arrivé à André, un homme séduisant et fort populaire auprès des femmes. D'un naturel sociable, André a toujours aimé faire la fête. Puis est venu un temps où il a ressenti le besoin de fonder une famille. Il a rencontré une fille épatante qu'il aurait bien voulu épouser, mais ça n'a pas colmaté son envie de s'éclater avec ses amis. Il répétait sans cesse qu'il rêvait d'une vie stable, qu'il voulait arrêter de bambocher pour devenir papa, mais une partie de lui s'accrochait à sa vie de fêtard. Il avait peur que sa vie devienne ennuyeuse s'il abandonnait ce côté de sa personnalité, peur de devenir comme tous ces gens qui ne sortaient plus parce qu'ils devaient s'occuper des enfants à la maison – André avait toujours pris un malin plaisir à se moquer de ceux qui se trouvaient dans cette situation.

Il n'est pas rare de tituber, de connaître un moment d'égarement quand on touche au but. Qu'il est désespérant de sentir nos forces nous quitter quand tout ce que nous avons désiré – la femme ou l'homme de nos rêves, ce boulot que nous avons tant convoité, etc. – arrive enfin à notre portée ! Nous voudrions courir jusqu'au fil d'arrivée, mais quelque chose nous retient et nous cloue au tapis. On a alors l'impression qu'on va devoir traverser de nouveau tous les obstacles que l'on a déjà surmontés.

Dans ces moments-là, on se demande avec indignation : *Pourquoi moi ? Pourquoi la vie m'impose-t-elle ça ?* D'un coup, on met en doute toutes les certitudes et toutes les leçons de vie que l'on a accumulées au fil des années.

À ce stade, il n'y a d'autre solution que de mourir à soi-même. Pour changer, il faut laisser mourir chaque parcelle de ce que nous étions auparavant.

Ne résistez pas à ce flot. Laissez-vous emporter.

Retournez en arrière et examinez chaque étape de votre cheminement. Ce nouveau scénario que vous avez élaboré est-il vraiment celui que vous désirez ? Vous devez être convaincu de cela avant de continuer sur cette voie. La foi est encore ici l'élément primordial. C'est la foi qui vous dira si vous avez pris la bonne route ou si vous vous êtes simplement convaincu vous-même que c'était le chemin à suivre. La voie que vous avez choisie repose-t-elle sur des illusions ou sur un désir profondément ancré en vous ? Il est important que vous répondiez à cette question avant d'aller plus avant, car le chemin qui vous reste à parcourir est si exigeant qu'il vous faudra conserver vos énergies et non les gaspiller en doutant constamment de votre choix.

Pour être sûr de son choix, il faut être fort et il faut être totalement dans le présent ; vous ne pourrez pas répondre à cette question cruciale si une partie de vous-même s'accroche au passé, car c'est alors vers le passé que votre énergie sera dirigée, ce qui contribuera à semer la peur et le doute dans votre esprit.

Mourir à soi-même est très douloureux quand on résiste. Mais comment ne pas résister quand tout notre être s'accroche farouchement à ce que nous étions ? *Non, je ne veux pas changer!* vous direz-vous. *Je veux conserver l'image que j'ai de moi-même! Je veux que les gens soulignent mes qualités et non mes défauts, qu'ils me disent que je suis un être formidable. Quand on me parle de mes lacunes et de mes défauts, ça me met en colère!*

Ce n'est pas prendre la fuite que de partir avec l'intention de ne jamais revenir… La réalité est là où l'on est.
— DANIEL JOHNS, chanteur du groupe Silverchair

Dans votre cheminement, vous êtes peut-être rendu au point où vous pensez avoir réglé tous vos problèmes. Vous vous sentez capable de traiter les autres avec bonté et compassion même quand ils sont désagréables envers vous. Les gens qui pensent avoir atteint un tel niveau de sérénité finissent toujours par rencontrer, à leur grande stupéfaction, une personne qui est capable de les faire sortir de leurs gonds. En faisant ressortir tout ce qu'il y a de mauvais en vous, cette personne déstabilisante vous révèle le côté sombre de vous-même. Cet aspect négatif de votre personnalité vous horrifiera sans doute au point où vous chercherez à fuir la situation, mais vous constaterez bientôt que vous ne pouvez pas échapper aux démons qui sommeillent en vous.

À la suite d'une telle révélation, on essaie toujours de se rabattre sur l'image positive qu'on avait de soi-même auparavant, mais on ne peut malheureusement plus feindre d'ignorer ce côté sombre que l'on a en soi. Rongé par le doute, on se demande : *Suis-je vraiment une si mauvaise personne ?*

C'est qu'il n'est pas si facile de croire en soi ! Le côté sombre de vous-même essaiera toujours de vous convaincre d'emprunter la voie de la facilité. *Tu te leurres en te répétant que tu es une bonne personne et qu'il y a en toi une part de divin,* vous susurrera-t-il d'une voix sournoise. *Tes trucs de croissance personnelle et spirituelle, c'est de la foutaise ! Pense plutôt à t'enrichir ! Reste comme tu es et abrite-toi derrière un bouclier de cupidité !*

Votre côté sombre vous horrifie sans doute quand il vous parle comme ça, mais sachez que vous ne pourrez pas lui échapper. Vous allez devoir y faire face même si votre instinct vous dit de vous enfuir à toutes jambes ; vous n'aurez d'autre choix que de ramper dans les replis les plus rebutants de votre esprit pour voir ce qui s'y cache. Ce faisant, vous allez devoir répondre à des questions plutôt désagréables sur vous-même : *D'où me viennent ces pensées négatives ? Pourquoi je réagis comme ça ? Quelles sont ces peurs qui sont si profondément ancrées en moi que je suis incapable de les identifier ?*

Il suffit souvent de nommer une chose pour en être libéré. Identifiez vos peurs. Donnez un visage et un nom aux démons qui vous habitent.

C'est vrai qu'il est parfois plus facile de croire en les autres que de croire en soi-même, mais dites-vous bien que si vous croyez que l'être humain est foncièrement bon, vous devez nécessairement croire que vous l'êtes aussi. Ça ne s'applique pas seulement aux autres, vous savez !

Dans votre quête spirituelle et positive, il faut que vous reconnaissiez aussi la double nature de l'homme. Quand la voix sombre et négative de vos démons résonnera en vous, dites-vous qu'à la base, l'être humain n'est pas parfaitement pur et aimant ; nous sommes faits à la fois d'ombre et de lumière. Notre côté sombre est là pour nous montrer où concentrer nos efforts et nos énergies, et il nous signale quand nous devons faire preuve de plus de douceur, d'amour et de compassion.

Mais cette douceur, cet amour et cette compassion, on doit d'abord se les accorder à soi-même. Ce sont des éléments cruciaux de notre développement. Ne vous fustigez pas vous-même. Ne retournez pas vos énergies contre vous. N'oubliez jamais qu'on est bien peu de choses quand on ne s'aime pas soi-même.

Pour l'amour du ciel, soyez indulgent envers vous-même ! Accueillez l'amour dans votre vie, puis communiquez cet amour aux gens qui vous entourent.

Même au bord du gouffre, rien n'est perdu... à moins qu'on ne se dise qu'il en est ainsi.

Certaines pensées sont
trop profondes pour les larmes.
— William Wordsworth

Que méritez-vous, selon vous ?

Car là où est ton trésor,
là aussi sera ton cœur.
— MATTHIEU 6,21

Vous savez maintenant que tous les êtres humains sont liés entre eux ; vous savez que vous êtes un être doté de puissance et donc capable de participer à la cocréation du monde. Mais au-delà de tout ça, avez-vous le sentiment de mériter un sort meilleur ?

Ici encore, vous êtes l'architecte de votre destinée : si vous CROYEZ que vous ne méritez pas une vie meilleure que celle que vous avez présentement, alors vous ne l'obtiendrez pas. Vous continuerez de vivre exactement comme vous le faites en ce moment.

Prenez une pause et pensez à un ami ou à une amie que vous chérissez et admirez particulièrement. Imaginez que cette personne a perdu foi en elle-même, qu'elle est déprimée, qu'elle ne croit plus en son potentiel et n'entrevoit plus aucune possibilité pour l'avenir.

Retirez-vous dans un endroit tranquille et réfléchissez à cela pendant un moment.

Allez-y ! Faites-le maintenant ! Ne restez pas là à lire ce livre !

Vous voilà revenu ? Vous avez bien réfléchi à la situation ? Parfait ! Maintenant, écrivez une lettre à cet ami en détresse. Dites-lui ce que vous ressentez pour lui. Parlez-lui de ses qualités. Qu'est-ce qui rend cette personne si spéciale à vos yeux ? Croyez-vous qu'elle vaut plus que cette image qu'elle a d'elle-même et qu'elle mérite une vie meilleure ? Pourquoi ?

Une fois que vous aurez fini d'écrire votre lettre, imaginez que vous vous dédoublez et que vous êtes votre propre ami. Qui plus est, vous vous trouvez dans la même situation que l'ami dont vous parlez dans la lettre – vous êtes dans une impasse, vous vous dévalorisez, etc.

Retirez-vous de nouveau dans un endroit tranquille et songez à ce que vous vous diriez en pareilles circonstances. Écrivez-vous ensuite une lettre à vous-même.

Quand vous aurez terminé, lisez la lettre. Ce que vous dites à cet ami qui est vous-même, est-ce la même chose que vous vous dites en votre for intérieur dans les moments difficiles ?

Non ? Alors pourquoi ?

Pourquoi hésitez-vous à demander des cadeaux à l'univers ? Pourquoi êtes-vous capable de dire à un ami en détresse qu'il mérite une vie meilleure, mais incapable de vous le dire à vous-même ?

Ayez foi en les autres... mais aussi en vous-même !

Prenez la lettre que vous vous êtes écrite et épinglez-la au mur de façon à toujours l'avoir sous les yeux. Lisez-la régulièrement, le but étant que votre discours intérieur devienne identique à ce que vous avez écrit dans la lettre.

Permettez à l'abondance de se manifester tout naturellement dans votre vie. N'attendez pas de la vie qu'elle vous prouve que vous avez droit aux choses que vous désirez. N'oubliez pas que c'est la poule qui pond l'œuf, et non le contraire.

Cessez de vous apitoyer sur vous-même !

Si tu peux résoudre un problème,
quel besoin as-tu de t'en inquiéter?
Et si tu ne peux pas le résoudre,
à quoi bon te faire du souci?
— SHANTIDEVA, bodhisattva tibétain

Pourquoi est-il si facile d'accepter les bonnes choses qui nous arrivent et si difficile d'accepter les mauvaises?

Dans les bons moments, nous nous considérons comme les architectes de notre bonne fortune, mais quand notre chance tourne, nous nous disons victimes du destin et nous nous apitoyons sur notre propre sort. Pourquoi agissons-nous ainsi?

Lorsqu'on s'apitoie sur soi-même, on fait défaut à deux principes fondamentaux en lesquels on doit avoir foi, à savoir que: 1) la vie a un sens; 2) chacun de nous est cocréateur dans l'univers.

Ça me fait de la peine de vous dire ça – et sans doute n'avez-vous pas envie de l'entendre –, mais vous avez, dans une certaine mesure, contribué à créer la situation dans laquelle vous vous trouvez présentement. Oui, je sais que ça peut sembler brutal dit comme ça – surtout quand on parle d'un événement tragique telle une maladie mortelle ou incurable –, mais notez que j'ai dit que nous étions des « cocréateurs » et non des « créateurs solitaires » face au monde et à notre existence. C'est quand on se retrouve dans ce genre de situation désespérée qu'il faut croire que la vie a un sens. Est-ce que je peux dire pourquoi certaines personnes tombent malades alors que d'autres pètent de santé ? Bien sûr que non. Le sens précis de tout cela m'échappe. Si on me forçait à répondre, je dirais que la maladie survient parfois chez un individu pour lui enseigner une leçon de vie spécifique, mais au fond, je ne sais pas si c'est une hypothèse valide. Sur ce point, je plaide l'ignorance.

Ce que je veux dire ici, c'est que vous devez porter une attention particulière aux situations face auxquelles vous vous déresponsabilisez en vous apitoyant sur votre propre sort. À quoi bon vous plaindre ainsi ? Si vous pouvez faire quelque chose pour changer la situation, AGISSEZ ! Dans le cas contraire, NE GASPILLEZ PAS VOTRE ÉNERGIE à essayer de changer une situation sur laquelle vous n'avez aucun contrôle.

Quand on passe son temps à se plaindre sans jamais agir pour changer les choses, on renonce à son potentiel créateur... en plus, on irrite tout le monde!

Par pitié, ne gaspillez pas vos précieuses énergies en vains geignements! Il y a tant de choses que vous pourriez faire pour honorer l'être puissant et divin que vous êtes!

Autre point que je tiens à souligner: quand vous avez le cafard et que tout va de travers, n'essayez pas de vous remonter le moral en vous comparant à des gens qui sont en plus mauvaise posture que vous. Visiter une personne plus mal en point que vous ne vous procurera qu'un réconfort éphémère et ponctuel. Ce genre d'exercice, même s'il vous fait du bien sur le moment, ne vous procurera aucune satisfaction durable.

Évitez aussi de vous plaindre à tous vents des personnes qui vous donnent du fil à retordre ou de vous venger d'elles en leur rendant la pareille. Pourquoi devez-vous faire preuve d'une telle sollicitude? Parce que nous sommes tous liés, vous vous souvenez? Quand je souffre, vous souffrez aussi. Lorsqu'on fait du mal à quelqu'un par dépit ou pour se venger, on finit toujours par se faire du mal à soi-même. L'esprit de vengeance est destructeur et pèse lourd sur la conscience.

Avec ce genre d'attitude, vous risquez de vous retrouver dans un autre cercle vicieux. Si, par exemple, vous prenez l'habitude de parler en mal de ceux qui disent du mal de vous, vous développerez le réflexe de devancer toute attaque éventuelle en portant vous-même le premier coup. Du coup, c'est vous qui deviendrez la mauvaise langue. Un jour, vous vous regarderez dans le miroir et réaliserez ce que vous êtes devenu. Que ferez-vous alors ? Allez-vous continuer d'agir ainsi ?

Le fait est que vous vous êtes engagé sur une voie sans issue, une voie qui ne mène nulle part parce qu'elle vous force à rejeter cette vérité essentielle qui est que nous sommes tous liés les uns aux autres.

Par contre, si vous embrassez le principe de l'unité universelle, vous comprendrez bientôt que vous devez faire du bien aux autres pour être bien vous-même. Vous voulez que les autres arrêtent de dire du mal de vous ? Alors cessez de dire du mal d'eux. Essayez plutôt de les complimenter ! Vous verrez, ça marche à merveille.

La solution à 100 pour cent

Ceux qui répriment leur désir
sont ceux dont le désir est assez faible
pour être réprimé.
— William Blake

Julie était amoureuse d'un homme formidable, mais elle avait le sentiment que certains aspects de sa propre personnalité laissaient à désirer et qu'elle avait beaucoup de travail à faire sur elle-même. Craignant que son nouvel amoureux ne la rejette si elle se révélait entièrement à lui, elle était incapable de s'abandonner totalement, si bien qu'un fossé se creusa peu à peu entre eux.

Je suis sûr que vous pouvez deviner comment cette histoire s'est terminée.

On ne peut pas maintenir ainsi ses distances avec l'être aimé et espérer qu'on ne sera pas démasqué, surtout quand on croit que tous les humains sont liés au sein d'une grande unité universelle. Une solution à 90 pour cent produit toujours un résultat de 90 pour cent.

Quand on n'est pas présent à 100 pour cent, c'est souvent parce qu'on s'accroche à quelque chose; par conséquent, on bloque l'énergie qui circule en soi. Le problème, c'est qu'en agissant ainsi on ne se donne pas la chance d'être soi-même à 100 pour cent et on empêche l'univers de nous donner un résultat de 100 pour cent.

La vérité est qu'on ne peut pas obtenir un rendement de 100 pour cent quand on ne s'investit pas totalement. Bon nombre d'entre nous justifions notre manque d'engagement en disant que nous avons peur de ce qui pourrait arriver si nous donnions ou révélions 100 pour cent de nous-mêmes. C'est dommage, car le plus beau cadeau que l'on puisse faire aux autres, c'est de se donner et de se dévoiler entièrement à eux.

L'exemple de Julie illustre très bien cet état de choses. Elle craignait que Richard, son amoureux, ne la rejette si elle lui parlait de ses peurs et des expériences douloureuses qu'elle avait vécues par le passé. Mais Richard sentait bien que Julie lui cachait quelque chose, ou du moins qu'il y avait une partie d'elle-même qu'elle ne voulait pas partager avec lui. Quand il la questionnait à ce sujet, Julie répondait que tout allait bien et qu'elle n'avait rien à cacher.

Mais Richard savait que quelque chose ne tournait pas rond. Il se mit bientôt à imaginer toutes sortes de scénarios pour expliquer la froideur et la réserve de sa compagne – peut-être qu'elle ne l'aimait pas vraiment, qu'elle fréquentait un autre homme, qu'elle n'avait pas vraiment besoin de lui, etc.

Rongé par le doute, Richard questionnait Julie sans relâche. Talonnée de la sorte, Julie devint de plus en plus secrète et renfermée ; elle avait de plus en plus peur de se dévoiler entièrement à son amoureux, mais elle savait aussi qu'en essayant de se protéger ainsi, elle creusait chaque jour un peu plus le fossé qui les séparait.

La situation empira au fil du temps, puis culmina enfin en une scène terrible. Richard lança un ultimatum à sa compagne : il voulait absolument savoir ce qu'elle lui cachait. Julie voulait pouvoir enfin se dévoiler à lui – c'étaient après tout des choses qu'elle avait déjà révélées sans problème à ses parents et à ses amies –, mais sa peur irraisonnée l'en empêchait.

Et vous, vivez-vous votre vie à 100 pour cent ? Vous laissez-vous emporter par le flot enivrant des événements ou essayez-vous de toujours tout contrôler ?

Qu'attendez-vous pour vous libérer de ces chaînes encombrantes ? Qu'avez-vous à perdre ? N'est-il pas préférable de se révéler entièrement à l'autre, au risque que celui-ci décide ensuite que vous n'êtes pas la bonne personne pour lui, plutôt que de poursuivre une relation qui sera vouée à l'échec de toute manière parce que vous êtes incapable de vous abandonner ? Imaginez que vous présentez un exposé devant un auditoire : préféreriez-vous avoir l'air coincé et ennuyeux ou vous laisser emporter par votre sujet, au risque de faire quelques erreurs ? Il ne fait aucun doute que votre public opterait pour la seconde option.

Les enfants en bas âge savent ce que c'est que de vivre à 100 pour cent. Quand un bambin se couche le soir, il est généralement exténué parce qu'il a été actif toute la journée. Les jeunes enfants débordent d'énergie parce que personne ne leur a encore enseigné à se ménager. Ils se donnent à fond dans tout ce qu'ils font.

En tant qu'adultes, ne pourrions-nous pas suivre leur exemple ?

Pour être présent à 100 pour cent, il faut avoir foi en soi-même et en les autres, et il faut croire que la vie a un sens. Vous ne vous donnez pas à fond ? Alors demandez-vous quel genre d'énergie vous dégagez. Quelle est votre contribution au champ morphique ? Quelle énergie y puisez-vous en retour ?

Allez-y, donnez-vous à fond ! Vous n'avez rien à perdre ! Et si par malheur vous échouez, au moins vous aurez la certitude d'avoir donné tout ce que vous aviez. Donnez 100 pour cent de vous-même en acceptant d'emblée les résultats que vous obtiendrez... et vous verrez que les choses se mettront très vite à bouger pour vous !

Songez qu'à chaque pas que vous faites, vous vous rapprochez d'autant de votre vie idéale.

La peur

La peur, si infime soit-elle,
est une dissonance sur les cordes de la foi.
— Anonyme

La peur, ce terrible démon qui hante notre esprit, est un sujet que la plupart des gens préfèrent éviter. J'adore ces ateliers de motivation où le conférencier dit: «Sentez la peur, mais faites-le quand même!» Nous crions tous «Ouais! Faisons-le!» en sautillant, gonflés à bloc par le discours vivifiant que nous venons d'entendre. À cet instant précis, nous nous sentons capables de conquérir le monde.

Mais notre exaltation est invariablement de courte durée. Nous arrivons à la maison, prêts à écrire ce roman dont nous rêvons depuis des années, à empoigner le téléphone pour envoyer promener notre patron, à rédiger un courriel cinglant pour mettre fin à une relation amoureuse insatisfaisante, etc. Puis nous commençons à penser aux conséquences d'un tel acte, à tout ce qui «pourrait» arriver. Bref, la réalité nous tombe dessus et freine notre élan.

La peur nous empêche d'exploiter la pleine mesure de notre potentiel et de notre liberté parce qu'elle produit en nous un blocage. J'ai parlé de cela dans *Être* et dans *Agir*, mais maintenant nous allons aborder la question du point de vue de la foi.

Quand on croit que la vie a un sens, on cesse d'avoir peur des événements futurs. La peur nous empêche d'être présents à 100 pour cent, ce qui, ainsi que nous l'avons vu au chapitre précédent, nous empêche d'obtenir une solution à 100 pour cent. Plus vous croirez en vous-même en tant qu'être divin et spirituel, et moins vous aurez peur de l'échec.

Conquérir ses peurs nécessite cependant une bonne dose d'autodiscipline. J'ai exposé dans *Agir* une technique qui vous aidera en ce sens, mais dans le cas présent, je dirai simplement que vous aurez la force de faire face à vos peurs si vous avez foi en vous-même et en les autres, et si vous croyez que la vie a un sens.

Inspirez-vous du bouddhisme dont les quatre nobles vérités sont : 1) la vie est souffrance ; 2) toute souffrance a une origine ; 3) toute souffrance a une fin ; 4) l'expérience de la souffrance mène à la liberté.

Nos peurs nous mènent parce que nous nous laissons contrôler par elles ! Quand une peur survient, elle déclenche en nous une émotion qui influence notre scénario intérieur. Nous avons vu précédemment que notre scénario intérieur – le discours que nous nous tenons dans notre esprit – est tout-puissant. Un scénario négatif entraîne un résultat négatif. Or, ce qu'il y a d'intéressant, c'est que nous créons nous-mêmes ce scénario.

Notre scénario est important parce que les autres sentent cette énergie que nous lançons dans le champ morphique. Qui plus est, ils y réagissent.

La méditation s'avère ici encore un outil important. Assoyez-vous dans un endroit tranquille et faites le vide dans votre esprit. Évoquez vos peurs, sentez-les, visualisez-les, regardez-les bien en face. Ne les contemplez pas avec aversion, car cela les renforcerait davantage, leur donnerait encore plus d'énergie. Quand vous sentirez la peur vous nouer l'estomac et vous comprimer l'abdomen, concentrez-vous sur votre respiration. RESPIREZ... puis, en expirant, sentez la peur relâcher peu à peu son emprise.

Chaque fois que vous déclenchez un scénario intérieur négatif en réaction à une peur, stoppez tout et concentrez-vous aussitôt sur votre respiration. Changez ensuite votre discours intérieur. Dites-vous que vous êtes un être puissant et spirituel. Dites-vous que vous croyez que la vie a un sens. Dites-vous que vous ne permettrez plus à la peur de contrôler votre existence. Dites-vous qu'à partir de maintenant vous allez vivre à 100 pour cent en acceptant les circonstances de votre vie, quelles qu'elles soient.

Il faut beaucoup d'efforts et de volonté pour surmonter ses peurs, mais il faut aussi avoir la foi. La foi nous donne la capacité de croire en une chose que nous ne pouvons pas prouver et, de ce fait, elle nous aide à accomplir ce qui nous paraissait jusque-là impossible.

Sans la foi, on ne peut pas croire. Et si on ne croit pas, on ne peut pas créer.

Tout se répète

Il me semble que j'ai déjà dit ça...

Non mais, sans blague, c'est vrai que tout se répète. Au fil de votre évolution, vous découvrirez que chaque fois que vous êtes sur le point de passer à une nouvelle étape de votre existence, la vie vous met à l'épreuve en vous replongeant dans une situation que vous avez déjà eue à gérer, comme pour s'assurer que vous avez bien appris les leçons qu'elle vous a dispensées. Vous devrez nécessairement faire face à ces épreuves et à ces expériences avant de poursuivre votre cheminement.

Quand la vie se répète ainsi, de deux choses l'une : soit vous constatez que vous n'avez pas encore compris tout ce que vous aviez à comprendre et que, par conséquent, il vous reste encore beaucoup à apprendre ; soit l'expérience vous confirme que vous avez bien appris vos leçons de vie. D'une façon ou d'une autre, ces répétitions doivent être accueillies avec joie puisqu'elles signifient que vous êtes prêt à passer à autre chose.

Dans les prochains chapitres, nous nous concentrerons spécifiquement sur la notion d'unité et sur l'importance de maintenir sa foi en autrui – ce qui peut être difficile quand on se heurte à des personnes, disons, pas trop sympathiques.

AVOIR FOI EN AUTRUI ET EN L'UNITÉ UNIVERSELLE

La multiplicité des perceptions

Chaque vie se compose des pièces d'un puzzle.
Pour certains, les pièces sont plus nombreuses ;
pour d'autres, elles sont plus difficiles à assembler.
Cependant, sachez ceci : vous ne possédez pas
en vous-même toutes les pièces de votre puzzle.
Chacun porte en lui au moins une et peut-être plusieurs
pièces du puzzle de quelqu'un d'autre…
Quand vous présentez votre pièce, qui n'a aucune
valeur pour vous, à quelqu'un, que vous le sachiez
ou non, vous êtes un messager du plus Haut.
— LAWRENCE KUSHNER, rabbin

Si je répète cette citation que j'ai utilisée dans *Agir*, c'est que son message est empreint d'une grande sagesse.

Quand vous commencerez à être vraiment ce que vous voulez être et à faire vraiment ce que vous voulez faire, vous arriverez tôt ou tard à un point de votre cheminement où vous croirez avoir tout compris. Ayant plongé au plus profond de votre moi, vous aurez l'impression d'avoir acquis une bonne compréhension de la réalité. Peut-être commencerez-vous même à croire que votre vision du monde est très proche de la réalité.

GRAVE ERREUR!

Imaginez la vraie nature de la réalité tel un hologramme tridimensionnel représentant une sphère. (On pourrait dire plus justement que la réalité comporte quatre dimensions, mais nous ne nous aventurerons pas sur ce terrain pour l'instant.) Chacun de nous est une sphère holographique plus petite contenue dans la grande sphère de la réalité. Certains de nous résident au sommet de la sphère, d'autres sur les côtés, et d'autres tout en bas. La grande sphère est vibrante d'une énergie qui nous traverse tous.

Vous me suivez jusqu'ici? Bien. Allez maintenant chercher un globe terrestre ou un gros ballon et imaginez qu'il y a tout plein de petites balles à l'intérieur; ces petites balles nous représentent. D'une position donnée à l'intérieur de la grande sphère, nous ne percevons qu'une partie très spécifique de celle-ci: c'est notre perception de la réalité. De ce point de vue limité, nous ne pouvons initialement voir le monde extérieur qu'à travers une portion très réduite de notre petite sphère; puis, à force de travailler sur nous-mêmes, nous éliminons peu à peu les scories qui souillent l'intérieur de notre sphère et nous empêchent de voir dans toutes les directions.

Une fois qu'on est parvenu à bien nettoyer l'intérieur de sa sphère, on se dit qu'on s'est enfin débarrassé de ses «bibittes» et qu'on a atteint l'illumination. Capable de voir clairement dans toutes les directions, on se croit délesté à tout jamais de son bagage émotionnel et de ses mauvais scénarios intérieurs. C'est généralement à ce moment-là qu'on commence à dire aux autres comment nettoyer leur propre sphère – les plus excentriques se mettront même à écrire des livres sur le sujet!

J'ai un conseil pour ceux qui en sont à ce point de leur cheminement: ne confondez pas votre interprétation de la réalité et la réalité elle-même!

Vous croyez pouvoir englober la totalité de la réalité en un seul regard? Eh bien, devinez quoi: votre sphère est arrimée à un point précis de la réalité et vous ne percevez le monde qu'à partir de cet unique point de vue.

Voir clairement à travers notre sphère personnelle n'est qu'une étape sur le chemin de l'illumination. Pour véritablement accéder à cet état de lucidité extrême, il faut être capable de déplacer sa propre sphère à l'intérieur de la grande sphère afin de pouvoir contempler la réalité sous plusieurs angles, plusieurs points de vue.

Qu'est-ce que ça veut dire? Réfléchissez un instant. Si on vous demande de vous mettre à la place de quelqu'un d'autre, que faites-vous? Essayez-vous de voir le monde selon votre PERCEPTION de cette personne... ou délaissez-vous votre vision de la réalité pour essayer de voir le monde à travers le regard de l'autre?

Question pertinente, mais qui en soulève une autre: que faut-il faire pour se mettre dans la tête d'une autre personne et adopter sa vision de la réalité? Tout d'abord, il faut reconnaître qu'on peut être dans l'erreur même si on croit dur comme fer qu'on a raison. Vous devez aussi éviter de comparer la façon dont cette personne perçoit les choses à votre propre vision de la réalité, car en agissant ainsi vous interprétez sa vision en partant de votre propre point de vue.

Ce n'est qu'en écoutant l'autre attentivement et en s'efforçant de ressentir intuitivement sa vision des choses que l'on peut véritablement arriver à se « mettre à sa place ». En d'autres mots, il faut recevoir avec l'esprit au lieu d'essayer de tout analyser par la raison. Je sais que c'est plus facilement dit que fait, mais je vous assure que c'est la voie la plus édifiante et enrichissante qui soit. En procédant ainsi, vous vous ouvrirez à de nouvelles façons de voir le monde et commencerez à vous affranchir de la vision statique que vous entreteniez auparavant.

Mais pour en arriver là, il faut avoir foi en ses semblables de même qu'en l'énergie unificatrice qui nous lie les uns aux autres. Lorsque vous commencerez à considérer l'autre comme une partie d'un grand tout dont vous faites vous-même partie, vous lui ouvrirez tout naturellement la porte de votre esprit et de votre cœur.

La prochaine fois que quelqu'un viendra ébranler vos croyances ou votre vision du monde, au lieu de vous fâcher, dites-vous que cette personne est peut-être en train d'essayer de vous transmettre une perception de la réalité à laquelle, sans elle, vous n'auriez pas eu accès.

Interagir avec ses semblables

On ne peut pas espérer participer à la course sans troubler l'eau ni vouloir gagner sans faire de vagues.
— ANONYME

Connaissez-vous la légende de l'homme qui, pour trouver l'illumination, s'est isolé dans les montagnes tibétaines et a vécu pendant des années dans une caverne ? Durant toutes ces années, il n'a eu aucun contact avec le monde extérieur ; il passait ses journées à méditer et à lutter avec ses démons intérieurs.

Un jour, enfin en paix avec lui-même, il a quitté sa caverne et est retourné dans le monde des hommes.

Vous ne devinerez jamais ce qu'il est devenu : chauffeur de taxi à New York !

Pourquoi a-t-il choisi cette voie ? Voyez-vous, il est relativement aisé de se sentir spirituel quand on s'isole de tout et qu'on coupe tout contact avec ses semblables, mais cela va à l'encontre de la grande vérité qui dit que nous sommes tous liés, que nous sommes tous « un ».

C'est facile de s'isoler, sauf que, pour devenir un être spirituel complet, il faut se mouiller, s'engager, se mêler aux autres.

Interagir avec ses semblables, c'est un peu comme se regarder dans un miroir en ce sens que cela nous permet de voir comment nos actions affectent l'autre, puis nous affectent en retour à travers la réaction de l'autre. Nous n'aimons pas toujours l'image que nous renvoie ce reflet de nous-mêmes – et il nous pousse parfois à nous remettre en question –, néanmoins, ce contact avec l'autre nous donne la chance de grandir, de nous épanouir et d'évoluer. Mais pour saisir cette chance, de même que les autres possibilités que la vie met sur notre route, il faut croire en ce principe d'unité qui nous relie tous.

Notez que la méthode de l'homme de la légende a du bon : il est parfois bénéfique de se retirer pour réfléchir sérieusement sur soi-même. La nature même du principe d'unité universelle nous dit que nous bénéficions tous de l'énergie de ces gens qui vont s'isoler sur la montagne pour trouver l'illumination. Certaines personnes mettent ce principe en pratique de façon très concrète. On a observé par exemple plusieurs cas où des adeptes de la méditation sont allés méditer quotidiennement sur la bonté et l'amour dans des quartiers fortement criminalisés ; au bout d'un temps, le taux de criminalité chutait de façon significative.

Il y a partout dans le monde des groupes de prière et de méditation qui se vouent à des causes particulières. Quand on croit que tous les humains sont liés, on peut aisément juger de l'impact de ce genre d'initiative.

Mais revenons à notre sujet : l'interaction avec les autres. Nous ne devons pas avoir peur de nous mêler à nos semblables, même si cela trouble les eaux tranquilles de notre solitude. Élément incontournable de notre évolution personnelle, le contact avec l'autre est un outil d'apprentissage essentiel.

La beauté est l'éternité se contemplant dans un miroir.
Mais vous êtes l'éternité et vous êtes le miroir.
— Khalil Gibran

Bloquer l'énergie négative

Nous sommes dans l'ère de la distraction.
Nos vies se déroulent dans un grondement
de bruit blanc composé d'émissions de télé
insignifiantes, d'experts qui pontifient à tous vents,
de lignes ouvertes criardes et de bulletins de nouvelles
de dix secondes – sans parler du culte
de la personnalité. Dans cet environnement,
la contemplation et l'introspection sont devenues plus
nécessaires que jamais. Il faut s'arrêter et prendre
le temps de réfléchir pour choisir sa voie, guidés par
nos meilleurs instincts et par le compas de la moralité.
La façon dont les gens se perçoivent dans l'univers
affecte la manière dont ils se comportent
dans le cadre concret de leur vie.

— Paul Keating, ancien premier ministre australien

Notre scénario intérieur, dont nous avons amplement parlé dans les chapitres précédents, est trop souvent porteur d'énergie négative. Nous vivons dans un monde où les médias nous bombardent quotidiennement d'images négatives et d'histoires d'horreur qui mettent l'accent sur la cruauté et la bêtise humaine. Devant une telle surenchère d'information négative, on ne peut s'empêcher de discuter entre nous de toutes ces choses horribles que nous avons vues à la télé ou lues dans les journaux.

Mais pourquoi persister à se raconter ces histoires quand on connaît la puissance du scénario intérieur, quand on sait que celui-ci contribue à créer le monde dans lequel on vit?

J'habitais chez un ami en 2003 quand le gouvernement américain a commencé à envisager la possibilité d'une intervention militaire en Irak. Ce copain est une personne très intelligente qui accueille régulièrement chez lui des groupes d'amis qui sont eux aussi des penseurs éclairés. Chaque jour, nous épluchions plusieurs journaux, consultions différents sites d'actualité sur Internet et écoutions par satellite les nouvelles télévisées d'un peu partout dans le monde. Le moins que l'on puisse dire, c'est que nous étions littéralement bombardés d'informations.

Comme c'est souvent le cas quand des gens d'esprit se réunissent, nous n'avons pas tardé à élaborer toutes sortes de théories quant à la suite des événements. L'un de nous avança que Saddam Hussein disposait d'armes nucléaires dont il se servirait contre Israël, ce qui serait l'élément déclencheur de la troisième guerre mondiale. À partir de là, nous avons essayé de calculer la portée du nuage radioactif que ces explosions produiraient, inquiets de savoir si nous serions touchés ou non. Nous avons ensuite discuté de ce que nous ferions en pareilles circonstances.

Les conversations de ce genre sont-elles constructives ? Pas vraiment.

Vous arrive-t-il souvent de parler des drames et des catastrophes qui sont l'œuvre de l'homme ? Votre discours laisse-t-il entendre que l'humanité est foncièrement malfaisante ? Dans ce cas, arrêtez-vous une minute et réfléchissez au type d'énergie que vous êtes en train de propager dans ce monde que vous contribuez à créer.

Si votre discours est alimenté par le bombardement négatif constant des médias, alors ARRÊTEZ DE REGARDER LES NOUVELLES ET DE LIRE LES JOURNAUX !

Je vous promets que vous ne manquerez pas grand-chose et que vous aurez l'esprit plus tranquille.

Ceux qui aiment lire le cahier des sports ou les bandes dessinées doivent faire preuve de discipline et ne lire que ces sections. NE LISEZ PAS les articles négatifs.

Vous devez également proscrire les conversations négatives du genre : « Vous avez vu ce qu'ils ont dit aux nouvelles ? C'est terrible ce qui est arrivé à... » Quand la discussion se tourne vers ce genre de propos, interposez-vous. *Pas de ça pour moi, merci !* Le négativisme est une chose contagieuse qui effritera peu à peu votre foi en la nature humaine. Orientez plutôt la conversation vers un sujet positif, une nouvelle inspirante. Vous ne tarderez pas à découvrir qu'il y a aussi beaucoup à dire de ce côté-là.

Personne n'est parfait

Nous, on est ici pour se détruire à jamais
et pour se briser le cœur, et pour aimer
les gens qu'il faut pas ! Et pour mourir !
— Nicolas Cage dans *Éclair de lune*

Connaissez-vous quelqu'un de parfait ? Quelqu'un qui agit toujours avec droiture et ne dit jamais de mal de personne ? Je parie que non.

L'imperfection fait partie de la condition humaine. Je me souviens d'avoir lu une entrevue avec le Dalaï-Lama dans laquelle on lui demandait s'il avait des défauts, s'il avait parfois mauvais caractère. Avec son humilité habituelle, le grand homme répondit qu'il se fâchait parfois pour des peccadilles.

En tant qu'humains, nous devons reconnaître que nous sommes des êtres imparfaits. Nous faisons tous des erreurs, et pourtant, quand quelqu'un en commet une, nous le critiquons et le jugeons sévèrement, et nous ne nous gênons pas pour lui dire pourquoi et comment il a failli.

Où nous mène ce genre d'attitude, d'après vous ?

Celui qui veut avoir foi en ses semblables doit accepter que la perfection n'est pas de ce monde. Au lieu de juger les gens, nous devons relever leurs erreurs, certes, mais nous devons ensuite leur pardonner et leur tendre une perche pour qu'ils puissent se racheter, puis s'élever encore plus haut. Nous devons les ouvrir aux vertus de l'amour et de la vérité, et leur faire entrevoir les possibilités que l'avenir leur réserve.

John était un homme d'affaires exceptionnel. Il a bâti un vaste empire financier dans les années 1980, mais, eu égard à ses pratiques prédatrices et parfois douteuses, on disait de lui que c'était un homme d'affaires retors et sans pitié.

Durant les années 1990, la chance de John a tourné. La fabuleuse croissance économique de la décennie précédente s'est estompée, si bien qu'il a vu ses actifs s'évaporer peu à peu. Croulant sous les dettes, son empire a commencé à s'effondrer. Il ne lui resta plus au bout du compte qu'une petite compagnie de rien du tout.

Dans un retournement foudroyant, les médias se sont mis à vilipender ce brillant homme d'affaires qu'ils avaient jusque-là encensé. C'est alors que le monde de John s'est écroulé. Aux problèmes légaux s'ajoutèrent des problèmes personnels. Son épouse l'a quitté ; ses anciens partenaires d'affaires se sont retournés contre lui ; ses amis, même les plus loyaux, l'ont abandonné.

Puis, à travers les décombres de cet empire déchu, il se produisit une incroyable transformation : reconnaissant ses erreurs passées, John devint un homme neuf, qui se voulait plus juste, plus généreux et plus honnête. Quand les médias le questionnaient, il disait qu'il regrettait ce qui s'était passé, puis il expliquait sa nouvelle vision des choses aux journalistes.

Les médias ne crurent malheureusement pas à cette soudaine conversion. John était prisonnier de sa réputation, de l'image d'homme d'affaires impitoyable qu'il s'était forgée au fil des années. Personne ne lui tendit une perche pour l'aider à devenir un homme meilleur.

Quand nous jugeons quelqu'un ainsi et que nous l'empêchons de s'élever, c'est une partie de nous-mêmes que nous rabaissons. Nous empêchons cette personne de changer ou de réaliser son plein potentiel parce que nous la jugeons trop sévèrement, sans penser que sa transformation pourrait nous être profitable à nous aussi. En confinant l'autre à ce qu'il était, nous nous tenons nous-mêmes prisonniers du passé.

La foi n'est rien sans la solidarité. Chacun de nous doit croire que les autres sont capables de changer, de corriger leurs erreurs et leurs défauts, de grandir et d'évoluer. Mieux encore : tendez une perche à l'autre pour l'aider à s'élever ! Souhaitez-lui ce qu'il y a de mieux, accordez-lui la liberté de s'épanouir.

À bas la paranoïa!

Quand une personne se fait constamment avoir, quelle attitude doit-elle adopter?

En tant qu'architecte d'intérieur, Rachel rêvait de créer des espaces agréables où les gens prendraient plaisir à travailler, mais qui auraient aussi une vocation écologique. Frustrée de travailler pour des promoteurs immobiliers qui ne partageaient pas ses vues sur l'environnement, elle se mit à chercher un nouveau boulot.

Rachel venait d'amorcer ses recherches quand, lors d'une conférence, elle rencontra Brian, un homme d'affaires affable d'âge mûr. Coup de chance, il lui expliqua qu'il était en train de constituer une firme de consultation en design. Rachel n'en croyait pas ses oreilles. Discrètement, elle dit à Brian qu'elle serait intéressée par un nouvel emploi. La situation était délicate puisque Brian connaissait très bien les dirigeants de l'entreprise pour laquelle Rachel travaillait. Néanmoins, il lui dit qu'il essaierait de trouver une solution et promit de communiquer avec elle sous peu.

Deux semaines plus tard, Brian appela Rachel pour lui annoncer une excellente nouvelle: il était prêt à l'embaucher. Il lui demanda cependant de ne pas dire à ses employeurs qu'elle s'en allait travailler pour lui et lui conseilla de donner sa démission en invoquant des « raisons personnelles ». Rachel suivit son conseil et se retrouva bientôt à la barre d'un nouveau poste. Elle se sentait très positive et était très enthousiasmée de pouvoir travailler en étroite collaboration avec Brian.

Mais les choses ne se passèrent pas exactement comme elle l'avait espéré. Très occupé à lancer sa nouvelle compagnie, Brian était rarement au bureau et c'était Robert, un jeune loup ambitieux, qui s'occupait de la gestion de l'entreprise en l'absence du grand patron.

Rachel n'aimait pas Robert. Bien qu'il fût toujours très gentil avec elle, elle le trouvait sournois et superficiel; quelque chose en elle lui disait de se méfier de lui. Un jour où Brian était de passage au bureau, elle lui demanda fort diplomatiquement quel était le rôle de Robert dans la compagnie. En guise de réponse, Brian dit à Rachel qu'elle devrait plutôt se préoccuper de trouver de nouveaux clients. « Il faut se concentrer sur les ventes en ce moment », lança-t-il d'un ton sans appel.

Rachel était atterrée. Elle s'était jointe à la firme de Brian pour faire du design d'intérieur. La vente, elle détestait ça ! Cela dit, elle comprenait qu'une nouvelle entreprise devait avant tout se bâtir une clientèle. Elle se plia donc aux ordres de son patron et partit en quête de nouveaux clients, confiante qu'elle pourrait reprendre ses activités d'architecte d'intérieur dès que les affaires commenceraient à rouler.

Dans les mois suivants, Robert continua d'assurer sa place aux rênes de la compagnie. Chaque fois que Rachel mentionnait qu'elle voulait qu'on l'affecte au travail pour lequel on l'avait engagée, c'est-à-dire la conception d'intérieurs inspirants, Robert répondait qu'elle devait continuer à faire de la vente parce que la compagnie n'avait pas encore les moyens de se payer une architecte d'intérieur à plein temps. Robert avait même insinué, et ce, à plusieurs reprises, que Rachel devait leur être reconnaissante parce qu'ils l'avaient engagée en dépit du fait qu'elle travaillait pour une firme associée.

Au lieu de confronter Brian et d'exiger qu'il lui donne le poste qu'il lui avait promis, Rachel se renferma et refoula ses angoisses et ses insatisfactions au plus profond d'elle-même. Elle perdit peu à peu confiance en elle-même et développa une vive paranoïa qui affectait son comportement et embrouillait son esprit. Aux réunions hebdomadaires de la compagnie, elle se mit à défendre farouchement ses performances de vendeuse, alors qu'elle aurait dû admettre en toute honnêteté que ce travail lui déplaisait. Chaque fois qu'elle voyait Robert trôner orgueilleusement au bout de la table de la salle de conférence, elle sentait la peur et la paranoïa l'envahir à nouveau.

Rachel en vint à croire que ses supérieurs étaient en train d'essayer de se débarrasser d'elle. Elle finit par perdre les pédales au beau milieu d'une réunion du conseil d'administration et, à bout de nerfs, donna sa démission.

Le problème de Rachel, c'est qu'elle se voyait comme une victime. ILS lui avaient promis des choses. ILS n'avaient pas tenu leurs promesses.

ILS lui avaient fait perdre confiance en elle-même. Tout était de LEUR faute!

En vérité, Rachel était si occupée à blâmer les autres et à jouer les victimes qu'elle ne songeait pas aux erreurs qu'elle avait commises, à la part de responsabilité qu'elle avait dans tout ça. Elle avait perdu foi en elle-même et avait concédé à d'autres le pouvoir qu'elle aurait dû conserver. Elle s'était laissé gagner par la paranoïa, alors qu'elle aurait dû reconnaître ses peurs et les affronter.

ON NE PEUT DEVENIR UNE VICTIME QUE SI ON CROIT QU'ON EN EST UNE.

Imaginez ce qui serait arrivé si Rachel avait cru en son prochain, si elle avait cru en ce lien qui nous unit tous. Il est certain que Brian et Robert avaient pressenti qu'elle entretenait des sentiments négatifs à l'endroit de ce dernier; il lui aurait donc suffi de s'exprimer clairement à ce sujet pour que l'abcès soit crevé et pour qu'ils puissent tous les trois commencer à trouver une solution au problème. Bref, Rachel aurait dû leur dire ouvertement ce qu'*elle* ressentait au lieu de toujours avoir peur de ce qu'*ils* allaient faire.

Au bout du compte, on ne peut pas échapper aux leçons que la vie cherche à nous inculquer. Il y a dans votre entourage une personne qui vous déplaît ou dont vous vous méfiez? Alors pourquoi ne partageriez-vous pas vos sentiments avec elle? Dites-lui ce que vous ressentez. Ne soyez pas une victime. Vous êtes responsable de ce que vous créez dans le monde.

Exprimez le fond de votre pensée

Je ne partage pas vos idées,
mais je suis prêt à mourir pour que
vous puissiez les exprimer.
— VOLTAIRE

S'il est vrai que les mauvaises interactions que nous avons avec certains de nos semblables nous donnent la chance d'en apprendre un peu plus sur nous-mêmes, je tiens tout de même à souligner qu'il ne faut pas avoir une confiance aveugle en son prochain.

Ne restez pas sourd à vos sentiments simplement parce que vous avez peur de les exprimer. Quand vous sentez la peur ou le doute vous envahir, n'hésitez pas à mettre votre foi à l'épreuve. Prenez une grande respiration, puis, avec douceur et compassion, faites face à la personne qui vous trouble.

Ne craignez pas non plus d'aborder les sujets qui vous semblent difficiles, de soulever les questions les plus épineuses.

Ce genre de confrontation vous fait-il peur? Pourquoi? Avez-vous peur de la tournure que prendra la conversation ? Peur de la réaction de l'autre ?

Au fond, le pire qui puisse vous arriver, c'est que vos craintes se voient confirmées. Une fois que vous aurez accepté la possibilité de cette éventualité, vous vous rendrez compte que vous n'avez rien à perdre en parlant ouvertement de ce qui vous tracasse.

Chef cuisinier au tempérament particulièrement orageux, Charles régnait en despote sur ses troupes et ses chaudrons. La menace et l'intimidation, directe ou sous-entendue, étaient ses armes favorites. Même son patron, Julien, avait peur de lui ; il s'adressait plus souvent qu'autrement à son cuistot par l'entremise d'une tierce personne, préférant éviter tout contact direct avec lui. Il y avait un problème de propreté dans les cuisines ? La composition d'un plat laissait à désirer ? En pareil cas, Julien chargeait un de ses employés d'avertir le chef, plutôt que d'avoir à l'affronter lui-même. Quand le restaurateur trouvait le courage d'exprimer le fond de sa pensée à Charles, ce dernier le plantait là au beau milieu de la conversation et refusait ensuite de lui parler ou de le regarder pendant plusieurs jours.

Bien que Julien doutait des compétences de son chef et réprouvait son manque d'hygiène en cuisine, il avait peur de lui en parler. Avait-il tort de faire confiance à ce cuisinier malpropre et tyrannique ? La question aurait pu être élucidée et le problème réglé une fois pour toutes s'il avait eu le courage d'exprimer le fond de sa pensée, mais au lieu de cela, Julien s'esquivait et continuait donc d'être rongé par le doute. La peur le paralysait au point qu'il en perdait le sommeil. L'esprit tourmenté, il jonglait une bonne partie de la nuit en se demandant *Et si?... Et si?... Et si?...*

Les problèmes comme celui-là doivent être abordés avec confiance en tenant compte de l'énergie unificatrice qui nous relie les uns aux autres. Dans les situations où quelqu'un ou quelque chose vous trouble, l'inaction et la peur ne servent aucune des personnes concernées, à commencer par vous.

Le comportement de Charles avait un impact non seulement sur Julien, mais aussi sur tous les autres employés du restaurant. Par son silence et son incapacité à agir, Julien encourageait implicitement la conduite inacceptable de son chef cuisinier.

Agir de façon proactive suppose que l'on est capable de surmonter ses peurs et de faire face aux situations désagréables de l'existence. La peur engendre la peur, par conséquent la peur est la seule chose que l'on doit craindre.

C'est le côté sombre de votre psyché qui nourrit l'énergie négative qui sommeille en vous. Laissez la lumière éclairer ces zones d'ombre.

Ayez foi en la puissance de la lumière et de l'amour, et ne permettez pas à la peur de vous dominer ou de vous paralyser. Ne permettez pas non plus aux autres de vous dominer par la peur. Ayez le courage d'exprimer le fond de votre pensée, mais toujours avec douceur et compassion.

N'oubliez jamais que la foi aveugle rend aveugle.

L'obscurité ne peut pas chasser l'obscurité ; seule la lumière le peut. La haine ne peut pas chasser la haine ; seul l'amour le peut.

— Martin Luther King

La vérité vous libérera

L'homme qui ne craint pas la vérité
n'a rien à craindre du mensonge.
— Thomas Jefferson

J'imagine que vous avez déjà compris que pour vivre une vie basée sur la foi, il faut être prêt à dire la vérité, à chérir la vérité, complètement et courageusement.

Plus qu'un impératif moral, dire la vérité est nécessaire pour qui veut être honnête avec soi-même. Sans la vérité, il est impossible de progresser sur la voie de la spiritualité. Pourquoi? Parce que quand on ment aux autres - ou quand on se ment à soi-même -, on coupe tout lien avec le sacré.

Il est difficile de toujours être franc avec une personne qui nous est chère, surtout quand nous savons que la vérité risque de la blesser. En pareilles circonstances, il nous semble plus facile de mentir, de taire la vérité ou de l'édulcorer d'une certaine façon. Où cela nous mène-t-il? C'est bien simple: quand on ne dit pas la vérité, on s'exclut soi-même du cercle intime et énergétique de notre entourage.

Vous vous souvenez du champ morphique, n'est-ce pas ? Alors vous vous souvenez sans doute de ceci : cette énergie qui nous unit nous permet de « sentir » quand l'autre nous cache quelque chose.

Il devient beaucoup plus facile de dire la vérité une fois qu'on est capable de faire la distinction entre les sentiments qu'on éprouve pour une personne et les sentiments que suscite en soi son comportement. Et pour en arriver là, il faut créer autour de soi un environnement d'amour et d'inclusion.

Nous devons honorer le fait que les relations amoureuses ou amicales ont pour but d'amener les deux parties à se soutenir, à s'aider mutuellement à progresser sur le chemin de l'existence. Or, pour qu'une relation soit mutuellement profitable, il faut que chacun devienne comme un miroir pour l'autre. Quand nous ne disons pas la vérité, nous ne renvoyons pas à l'autre une image fidèle de lui-même ; nous devenons une sorte de miroir déformant. Mais en déformant ainsi la réalité, nous ne donnons pas à l'autre la chance de voir comment son comportement affecte son entourage et, par conséquent, nous ne l'aidons pas à s'élever, à évoluer.

L'élément essentiel de ce processus, c'est la communication. On ne peut pas attendre passivement que la vérité jaillisse soudain d'elle-même ; tôt ou tard, il faut avoir le courage d'être franc et honnête avec l'autre.

Ayez foi en l'amour que l'autre vous porte. Ayez foi dans le fait que nous sommes tous liés les uns aux autres. Vous commencerez à dire la vérité sans avoir peur des conséquences quand vous aurez le courage de bâtir une relation où les deux partenaires sont explicitement engagés l'un envers l'autre, une relation où chacun sait qu'il peut compter sur l'autre pour l'aimer et l'épauler.

Au début d'une relation, chacun doit donner à l'autre la permission de souligner, avec douceur naturellement, les comportements qui lui déplaisent. Ça peut sembler facile de prime abord, mais quand nous n'avons pas totalement confiance en l'engagement que nous avons pris l'un envers l'autre, nous pouvons facilement croire que l'autre nous critique quand il nous dit nos quatre vérités. En fait, ce n'est pas nous qu'il critique, mais notre comportement. C'est là une distinction importante, car ce que nous sommes ne se résume pas à notre comportement.

Cela vous aiderait que quelqu'un vous avertisse quand votre comportement n'est pas en accord avec ce que vous voulez être, non? Bien sûr que si. Alors, ne trouvez-vous pas normal que ce soit une personne qui tient à vous qui vous rende ce service? Songez qu'en vous parlant franchement, votre ami ou votre compagnon de vie vous donne l'occasion de grandir et d'évoluer.

Permettez-moi de reformuler tout ça pour que ce soit bien clair: si vous n'avez pas eu, avec la personne avec qui vous êtes en relation, une conversation franche et directe dans laquelle vous vous êtes engagés à vous soutenir mutuellement et à toujours vous dire la vérité, il est probable que vous percevrez les interventions constructives de l'autre comme des attaques personnelles, et vice versa.

Au fond, ce n'est pas bien compliqué : engagez-vous envers l'autre, soyez 100 pour cent présent, dites-lui la vérité avec respect et compassion et, surtout, soyez là pour l'épauler quoi qu'il advienne.

Ceux qui ne sont pas toujours francs dans leur relation ont bien souvent du mal à perdre leurs vieilles habitudes. Avoir foi en l'autre est une chose plus facilement dite que faite. Le problème est qu'il est très difficile de ne pas réagir négativement quand quelqu'un souligne un aspect de notre comportement que nous avons du mal à admettre ou que nous préférons occulter. En pareilles circonstances, nous avons tendance à nous défendre en attaquant notre interlocuteur, en le pointant du doigt. Il est plus facile de réagir ainsi que de prendre une grande respiration en nous disant que l'autre est là pour nous aider, puis d'accepter de travailler sur nous-mêmes pour rectifier le problème.

Ce n'est qu'en ayant foi en les autres et en ce lien qui nous unit que nous trouverons l'espace nécessaire pour ouvrir nos cœurs et embrasser la vérité dans un esprit d'inclusion.

Ah oui ! une dernière chose : avant de parler franchement et ouvertement à quelqu'un, ne passez pas des heures à vous torturer en vous demandant quelle sera sa réaction et n'ayez aucune attente quant à l'issue de votre intervention. C'est l'attitude la plus saine à adopter – surtout qu'il se peut que vous soyez vous-même dans l'erreur ! N'oubliez pas que votre perception est une chose et que la réalité en est une autre.

Au bout du compte, vous verrez que ce n'est pas si difficile que ça de dire la vérité. Il suffit de parler à l'autre avec douceur et compassion, et de conserver une bonne ouverture d'esprit.

Allier le geste à la parole

La parole est inutile,
puisque la vérité de ce que l'on dit
réside en ce que l'on fait.
— BERNHARD SCHLINK

Parce que nous sommes tous liés les uns aux autres, nous savons instinctivement, du moins à un certain niveau, quand quelqu'un n'agit pas conformément à ce qu'il dit.

Si, par exemple, vous dites souvent à vos enfants que vous les aimez, mais que vous ne passez jamais de temps avec eux, il est normal qu'ils se mettent tôt ou tard à douter de la véracité de vos propos.

La solution: agissez conformément à ce que vous disent votre CŒUR et votre ESPRIT.

Si le message que vous envoie votre cœur ne concorde pas avec celui de votre esprit, vous aurez toujours l'impression que quelque chose ne va pas, et aucun raisonnement, aucune manipulation intellectuelle ne pourront vous convaincre du contraire.

Marie s'estimait chanceuse d'avoir rencontré Gabriel, un homme spirituel, intelligent et à l'aise financièrement. Il était tout ce qu'elle avait toujours désiré; elle n'aurait pu demander mieux.

Mais Marie vivait un dilemme: sa tête lui disait que Gabriel était parfait pour elle, alors que son cœur lui disait de se protéger parce qu'elle avait connu de cruelles déceptions amoureuses par le passé. En son for intérieur, elle avait peur qu'il se désintéresse d'elle et la laisse tomber.

Gabriel aimait Marie de tout son cœur même si elle avait mauvais caractère. «Nous avons tous nos défauts», se disait-il quand elle piquait une colère sans raison apparente ou quand elle était méchante avec lui. Gabriel gardait malgré tout son cœur grand ouvert pour elle, même si, parfois, elle faisait manifestement exprès pour le blesser.

Quand Marie travaillait le week-end, elle ne voulait pas que Gabriel sorte sans elle. Son homme avait beau aborder le sujet avec délicatesse, il avait plus souvent qu'autrement droit à une réplique cinglante. «Ça fait un bout de temps que je veux faire une sortie avec toi, lançait-elle sur un ton acerbe. Ça me ferait beaucoup de peine que tu sortes sans moi.»

Pourtant, quand Gabriel travaillait de nuit, ce qui lui arrivait parfois, Marie n'hésitait pas à faire la fête dans les bars avec ses copines. Et si Gabriel osait évoquer la chose, elle lui renvoyait aussitôt la balle. D'un ton accusateur, elle lui disait des choses comme: «Y a que TOI qui comptes, c'est ça? Avec toi, c'est toujours MOI! MOI! MOI! Tu pourrais pas penser à moi, pour une fois?»

Après des mois de ce régime, Gabriel demanda à Marie si elle l'aimait vraiment et si elle voulait continuer à le fréquenter. Marie lui servit alors un long monologue dans lequel elle affirmait qu'ils étaient faits pour être ensemble et qu'elle avait l'impression que tout se passait bien entre eux, mais en son for intérieur, elle savait qu'elle devait trouver le moyen de corriger son comportement négatif. Il aurait suffi qu'elle s'ouvre à son amoureux et lui dise comment elle se sentait pour sortir de ce cercle vicieux, mais elle en était incapable parce qu'elle essayait toujours de tout contrôler pour se protéger. Elle ne savait pas comment faire pour désamorcer ce mécanisme de défense.

Les belles paroles de Marie sonnaient faux aux oreilles de Gabriel. Il sentait bien qu'une partie d'elle demeurait inaccessible, que son cœur restait bien barricadé même si sa tête lui disait qu'elle était amoureuse de lui.

Avez-vous déjà essayé, comme Marie, de résoudre un problème relationnel par votre seul pouvoir de raisonnement ? Avez-vous alors cherché à CONTRÔLER la situation ? Ce que vous ressentiez à ce moment-là, était-ce de la peur ? Aviez-vous l'estomac noué ? Mettiez-vous toute votre énergie à essayer de vous protéger parce que vous aviez peur que l'autre vous fasse du mal ?

Je ne blague pas quand je dis que « la vérité vous libérera ». Nous sommes tous prisonniers de nos mensonges, même si ce ne sont que des petits mensonges innocents. Nous en sommes prisonniers parce qu'ils nous rappellent que nous avons peur de la vérité.

Il faut se révéler entièrement à l'autre pour obtenir ce qu'on désire au sein d'une relation. Quiconque pense le contraire se met un doigt dans l'œil jusqu'au coude!

Mais dire la vérité ne suffit pas. Pour être crédible, il faut mettre ce que l'on dit en pratique. Bref, il faut ÊTRE VRAI. En mentant – aux autres ou à vous-même –, non seulement faites-vous du mal aux autres, mais vous manquez aussi une belle chance de grandir. Quand vous essayez de contrôler la situation, vous jugulez le flot d'énergie qui est en vous, ce qui vous empêche d'avancer sur la voie spirituelle. Et quand vous essayez de contrôler les autres, vous empiétez sur leur liberté et vous ne faites pas honneur à votre propre liberté. N'oubliez pas que leur liberté est votre liberté.

Nous ne pouvons pas véritablement honorer et respecter les autres si nous ne leur ouvrons pas notre cœur. Mais pour ce faire, il faut avoir FOI en son prochain.

Dans une relation, il arrive qu'un des deux partenaires se retrouve soudain en situation de crise et que l'autre, parce qu'il en a marre ou qu'il est dépassé par les événements, décide de le quitter.

Est-ce mal d'agir ainsi?

Il n'y a rien de mal à mettre un point final à une relation – ça fait partie de la vie. Quand les chemins de deux personnes se croisent pour une raison spécifique, il arrive qu'elles se séparent une fois l'échange terminé. Mais se séparer et prendre la fuite sont deux choses bien différentes. En fuyant une relation problématique, on laisse derrière soi toutes sortes d'émotions irrésolues. Au lieu de la tristesse qu'on ressent après avoir mis fin à une relation complétée, on ressent alors de la colère.

On ne peut pas fuir les leçons de la vie. Quand on croit que la vie a un sens et que tous les humains sont liés les uns aux autres, on sait que personne ne survient dans notre vie sans raison. Nous pouvons fuir une relation ou une situation parce que nous n'avons pas le courage de faire face à la leçon qu'elle nous impose, mais tôt ou tard, la vie nous fait traverser une autre épreuve, bien souvent plus douloureuse, qui renvoie à cette même leçon.

Une fois que vous aurez compris que les leçons de la vie se répètent, vous n'aurez plus rien à craindre de vos semblables et nous n'aurez plus peur d'être vrai et de dire la vérité.

On se préoccupe beaucoup moins des craintes et des inquiétudes que l'on a à propos de soi-même quand on a la foi. Vous cherchez un partenaire qui vous aimera tel que vous êtes? Alors soyez vous-même! Révélez-vous entièrement au lieu d'uniquement montrer à l'autre les aspects de votre personnalité que vous jugez favorables.

Ça peut paraître compliqué mais, en fait, ce ne l'est pas du tout. Être soi-même et se révéler entièrement aux autres est un acte de foi, et non quelque chose sur lequel on doit travailler. Ça se fait d'un coup, comme si on sautait dans le vide. On ne peut pas être soi-même à 70 pour cent pour passer ensuite à 80, à 90 et finalement à 100 pour cent! Quand on fait le grand saut, on passe d'un coup de 70 pour cent à 100 pour cent.

Mais il y a un hic: quand on se retrouve dans le vide, bien souvent la peur nous agrippe et nous pousse à revenir en arrière. C'est alors qu'il faut se souvenir que les situations ont tendance à se répéter quand on ne va pas de l'avant. Prenez votre courage à deux mains, faites acte de foi et plongez à nouveau!

Si vous êtes avec une personne qui vous dit qu'elle vous aime, mais qui protège son cœur parce qu'elle a peur, soyez doux et compréhensif avec elle. Parce qu'ils sont issus d'émotions et d'expériences anciennes, les mécanismes de défense de ce genre sont profondément ancrés en nous et il faut lutter de toutes ses forces pour s'en défaire. C'est pourquoi il est important que vous ne réagissiez pas avec colère et frustration quand votre partenaire a un comportement défensif. On ne peut pas ouvrir son cœur et être pleinement soi-même quand on réagit ainsi.

Le mensonge engendre toujours la colère et la frustration, alors que la vérité, elle, mène à la compréhension, à la compassion. Le cœur sincère sait reconnaître la vérité parce qu'il est plus sensible, mais aussi parce qu'il ne cherche pas à blâmer l'autre. La vérité se fait libératrice dans ce sens-là aussi.

À l'avenir, quand vous vous retrouverez dans une situation conflictuelle, ne vous laissez pas dominer par la peur ou par cette voix intérieure qui vous rabaisse ou vous dit que l'autre va vous faire du mal. Prenez plutôt une grande respiration, faites acte de foi et trouvez le courage d'ÊTRE VRAI et de dire la vérité.

La voie de l'altruisme

Les gens qui n'ont pas de cœur... ont perdu la capacité de ressentir ce lien générationnel profond qui les rattache aux autres humains et à leur environnement... Sans ma terre et mon peuple, je ne suis qu'une chose charnelle qui attend la mort.
— JEANNETTE ARMSTRONG, artiste autochtone du Canada

Il existe une spirale qui mène à l'illumination, une voie qui nous affranchit du joug de la souffrance humaine et nous rapproche de notre être réel – ou de notre nature divine. Cette spirale s'étend vers le haut, mais aussi vers le bas.

Il faut faire des gestes altruistes pour avancer le long de cette spirale. On ne peut donc s'engager sur cette voie que si on croit au lien fraternel qui nous unit tous. Or, pour avoir foi en son prochain, pour avoir confiance en lui, il faut transcender son ego et ne pas céder à la peur ni à l'incertitude. Dans ces circonstances, la spirale de l'illumination nous transporte vers le haut.

Dans les moments où nous croyons que nous sommes tous « un », nous n'avons aucun mal à lâcher prise et nous avons l'intime certitude que tout se passera bien. Puis il nous arrive quelque chose qui ébranle notre foi en les autres, et alors nous nous replions sur nous-mêmes. Cet incident survient pour mettre notre foi à l'épreuve, mais nous choisissons de reculer et la spirale nous entraîne alors vers le bas. Pris dans ce mouvement descendant, nous commençons à nous protéger et à veiller à nos propres intérêts en premier. Certains continueront de prétendre qu'ils sont là pour les autres, mais ils ne sont pas là à 100 pour cent; une partie d'eux-mêmes, mue par un très fort instinct de préservation, reste fermée aux autres.

Emprisonnés dans cette vision du monde, nous continuons à glisser toujours plus bas le long de la spirale jusqu'à ce que nous devenions complètement désespérés et désillusionnés par l'absence de sens dans notre vie. Pour s'en sortir, on n'a alors d'autre choix que de réorienter sa vie et de retrouver la foi. Quand on est désespéré, que plus rien n'a de sens et qu'on a compris que l'univers ne s'appréhende pas uniquement par la raison, on se tourne vers une force extérieure – Dieu, l'esprit universel, etc. – et on lui demande de nous guider.

À ce moment précis, nous comprenons que nous devons retrouver la foi pour que notre prière soit entendue. Cette simple prise de conscience interrompt notre glissade vers le bas et nous fait remonter le long de la spirale.

La spirale de l'illumination est indulgente en ce sens que, lorsqu'on tombe et glisse un peu vers le bas, on ne glisse pas jusqu'au point où on se trouvait auparavant. On glisse un peu, certes, mais tout n'est pas perdu. Une fois notre équilibre retrouvé, nous poursuivons notre ascension, à condition bien sûr que nous ne perdions pas la foi de nouveau. Or, pour continuer d'avoir la foi, il faut avoir le courage d'agir, de faire des gestes concrets par lesquels notre foi se manifeste.

S'il est une vérité absolue, c'est qu'individuellement nous ne sommes RIEN, mais qu'ensemble nous formons un tout. Nous sommes tous « un ».

Alors, allez-y ! Qu'avez-vous à perdre ?

LES GRANDES
QUESTIONS

La voie de la vertu

Quand vous trouverez la voie, d'autres vous trouveront.
Passant sur la route, ils s'arrêteront à votre porte.
La voie qui ne peut être entendue
résonnera dans votre voix.
La voie qui ne peut être vue se réfléchira dans vos yeux.
— LAO-TSEU

Il y a tant de mots et d'histoires dans ce livre qu'on peut aisément perdre de vue la simplicité de son message. Je suis conscient de ça, c'est pourquoi j'ai préparé une série de questions qui viennent résumer de façon concise toute la matière que nous avons vue jusqu'ici. Chaque question renvoie à une notion fondamentale qui est entre parenthèses.

Ces questions vous aideront à prendre conscience de ce que vous êtes, de votre vision du monde. En y répondant, demandez-vous si votre façon d'être et de voir les choses vous a apporté le bonheur et la joie.

Voyez-vous la vie comme un grand défi?
Croyez-vous que la vie a un sens?
(CROIRE EN LA VIE)

Vous croyez-vous capable de relever les défis
que vous lance l'existence?
(CROIRE EN SOI-MÊME)

Selon vous, la nature humaine est-elle essentiellement bonne ou mauvaise?
(CROIRE EN L'AUTRE)

Croyez-vous que nous pouvons bâtir
un monde meilleur?
(L'ESPOIR)

Si oui, pourquoi ne le fait-on pas?
Qu'est-ce qui nous empêche d'assumer
notre liberté et d'exploiter pleinement
notre potentiel?
(LA PEUR)

Que faisons-nous pour vaincre nos peurs?
(L'AUTODISCIPLINE)

Quels principes guident votre vie?

Exemples:
Le bouddhisme (sérénité;
mettre un terme à la souffrance)
Le christianisme (s'imprégner
de l'esprit du Seigneur)
L'enseignement guerrier (force, domination)
L'enseignement mystique

Comment accueillez-vous l'adversité et
les mauvaises choses qui vous arrivent ?

Que faites-vous pour renoncer à l'idée
que vous avez toujours raison ou
que votre opinion est la meilleure ?

Assumez-vous le pouvoir d'action
que la vie vous a donné ?

Saisissez-vous les possibilités
qui se présentent à vous ?

Quels moyens employez-vous pour éviter
de vous battre contre la vie et le monde ?
(LA GRÂCE)

Que faites-vous pour garder votre cœur pur et
pour faire le bien en ce monde ?

De quelles façons nourrissez-vous votre âme ?
Quels gestes altruistes faites-vous ?
(LA CHARITÉ ET LA COMPASSION)

Comment vivez-vous la vie que votre âme
a choisie pour vous ?

Vivez-vous pleinement cette vie ?
(LE COURAGE)

Chérissez la vie ! Vivez chaque instant comme
s'il était votre dernier !
(LA LIBERTÉ)

À un certain point de votre cheminement, vous comprendrez que la voie de la spiritualité est avant tout une quête de liberté. Mais qu'est-ce que la liberté ?

Pour qui n'est pas victime d'oppression, la plus grande liberté consiste à s'affranchir de l'ego. La bataille la plus importante qu'on puisse livrer en cette vie est celle qu'on livre à soi-même.

L'objectif premier de tout être humain devrait être de maîtriser ses peurs, ses doutes et ses anxiétés. Une fois qu'on a surmonté ses propres peurs, on peut s'ouvrir aux autres et les aider à dominer les leurs. Cette noble tâche ne fera que resserrer le lien primordial qui nous unit tous.

La solution mystique

« Avez-vous d'autres conseils à nous donner ? »,
de demander le disciple à son maître.
Le mystique réfléchit un instant, puis répond :
« Vous pourrez résoudre tous les problèmes
et surmonter toutes les difficultés en
vous souvenant de deux choses. »
« Quelles sont-elles ? », demande l'élève.
« Premièrement : Ce qui est, est.
Deuxièmement : Ce qui n'est pas, n'est pas. »
« Qu'est-ce que cela veut dire ? »
« Trop de gens perdent leur temps à se concentrer
sur ce qui n'est pas, sur des choses qui
ne sont pas réelles. Si une chose est réelle, si elle est –
que ce soit une émotion telle la colère ou
un fait concret tel un bilan financier – c'est
une perte de temps que de souhaiter qu'elle ne soit pas.
Il faut accepter la chose réelle telle qu'elle est, puis
décider ensuite si on veut mettre l'énergie nécessaire à
la rendre différente. À partir du moment où vous
décidez de changer cette chose, concentrez vos énergies
sur la tâche à accomplir. C'est tout ce que vous devez
savoir pour avoir du succès dans la vie ou en affaires. »

— GAY HENDRICKS et KATE LUDEMAN,
The Corporate Mystic (traduction libre)

La vie est parfois très compliquée. Et quand on fait face à une situation difficile, on la rend souvent encore plus compliquée qu'elle ne l'est en jonglant avec les diverses possibilités qui s'offrent à nous. Anxieux de trouver une explication aux événements qui surviennent dans notre vie, nous cherchons des réponses dans les livres ou auprès de parents, d'amis, de psychologues, de conseillers spirituels et d'autres maîtres à penser. Quand on arrive au bout de nos recherches, on est souvent plus déconcerté qu'on ne l'était au début.

On a souvent bien du mal à accepter que les choses ne se passent pas comme on l'aurait voulu. Dans ces cas-là, on a parfois tendance à minimiser l'impact du résultat indésirable et à s'accrocher à notre idée fixe en espérant que le vent tournera à notre avantage. Certains resteront tranquillement assis à se dire que tout irait bien si telle ou telle personne pouvait changer d'avis, si telle ou telle grosse affaire aboutissait miraculeusement, si tel ami ou tel amant se comportait différemment. C'est toujours si, si, si...

Le problème, c'est qu'on ne peut pas lutter contre l'état des choses.

Comme le dit la citation de la page précédente, soit une chose *est,* soit elle *n'est pas.* Rester assis à se dire « si seulement... » équivaut à attendre un miracle. Lorsque vous passez votre temps à vous concentrer sur les choses passées qui n'ont pas fonctionné à votre goût, vous gaspillez toute l'énergie dont vous avez besoin pour agir dans le présent.

Vous êtes-vous déjà retrouvé dans ce genre de situation ? Vous avez sans doute déjà vécu des choses que vous avez eu du mal à accepter – un être aimé qui vous a quitté ; un emploi convoité que vous n'avez pu décrocher ; une occasion en or que vous avez loupée ; etc. Qu'avez-vous fait dans ces cas-là ? Êtes-vous resté au lit à pleurer ? Êtes-vous allé au bar pour vous saouler ? Avez-vous engueulé votre conjoint ou votre conjointe ? Avez-vous maltraité votre chien ou piqué une crise ?

Je sais ce que c'est. J'ai vécu ça, moi aussi.

Nous nous plaisons tous à croire que nous avons le contrôle total de nos vies. Nous nous accrochons désespérément à notre vision arrêtée du monde et à la tournure que nous voulons donner aux événements de notre vie. Et c'est normal qu'on s'accroche, car délaisser tout ça est terriblement douloureux, comme un deuil. Quiconque change sa vision des choses doit d'ailleurs passer par toutes les étapes du deuil – déni, colère, marchandage, dépression, acceptation.

Durant tout le processus, notre esprit reste troublé ; ce n'est qu'à l'étape de l'acceptation qu'on commence à désembrouiller les choses. Combien de temps faut-il pour en arriver là ? Ça dépend de l'emprise que la pensée magique a sur nous – on peut rester coincé très longtemps à une étape quand on multiplie les « si seulement ».

Pour avancer, il faut arrêter de penser que les choses doivent être ou se dérouler comme on le désire, comme on l'imagine.

C'est ici que la foi prend tout son sens.

La foi nous permet de transcender notre esprit rationnel – c'est lui qui essaie toujours de gérer et de contrôler les choses. La foi nous libère de cette croyance oppressive qui nous dit que nous sommes seuls maîtres et seuls responsables de notre destinée. Elle nous libère de ce besoin que nous avons de comprendre les événements de notre vie au fur et à mesure qu'ils surviennent.

Mais pour en arriver là, nous devons abdiquer ce contrôle que nous exerçons sur nos vies.

Lorsque vous serez au bord du gouffre à vous demander si vous devriez sauter dans le vide, regardez autour de vous. Vous verrez toutes sortes de gens qui sont là à flâner, à hésiter, à atermoyer, et je parie que vous aurez envie de leur dire : « Arrêtez de perdre votre temps ! Allez-y, sautez ! »

Et vous, ne devriez-vous pas plonger, vous aussi ? Bien sûr que si.

D'autant plus que c'est simple comme bonjour. Évacuez vos peurs, vos doutes et votre anxiété. Croyez que la vie a un sens. Ayez foi en vous-même en tant que cocréateur de l'univers. Envoyez des tas de pensées positives dans le champ morphique. Et surtout, ayez foi en la nature humaine et en sa capacité à bâtir un monde meilleur.

Il n'en tient qu'à vous de surmonter vos peurs. Personne d'autre ne peut le faire à votre place.

Allez-y, plongez !

Nous avons besoin de vous.

Table des matières

Achevé d'imprimer au Canada
sur papier Quebecor Enviro 100% recyclé
sur les presses de Quebecor World Saint-Romuald

100%